지식이
감동이 되는 책!

세상이 아무리 바쁘게 돌아가더라도
책까지 아무렇게나 빨리 만들 수는 없습니다.
어머니가 손수 지어주는 밥처럼
정성이 듬뿍 담긴 건강한 책을 만들고 싶습니다.

길벗스쿨은 쉽게 배우고 깨쳐 공부에 자신감을 주는 책,
재미와 감동으로 마음을 풍요롭게 해 주는 책으로
독자 여러분께 다가가겠습니다.

아이의 꿈을 키워 주는 정성을
지금, 만나보세요.

미리 책을 읽고 따라해본 2만 베타테스터 여러분과
무따기 체험단, 길벗스쿨 엄마 2% 기획단,
시나공 평가단, 토익 배틀, 대학생 기자단까지!
믿을 수 있는 책을 함께 만들어주신 독자 여러분께 감사드립니다.

홈페이지의 '독자마당'에 오시면
책을 함께 만들 수 있습니다.

(주)도서출판 길벗 www.gilbut.co.kr
길벗 이지톡 www.eztok.co.kr
길벗스쿨 www.gilbutschool.co.kr

기적의 문법 Plus 영작 1

지은이 **주선이**

길벗스쿨

저자 **주선이**

경북대학교 영어교육과를 졸업한 후, 중학교 교사를 지내고 대교교육정보연구소와 엔엑스씨(NXC)에서 근무하셨습니다.
학생들이 영어를 쉽게 배울 수 있도록 다수의 베스트셀러 영어교재 개발과 애니메이션 개발에 참여하셨습니다. 현재는 캐치
잇플레이에서 소셜 영어학습 앱 '캐치잇 잉글리시'를 개발하고 계십니다.

저서 : Mentor Joy Vocabulary(피어슨에듀케이션코리아), Bricks Listening · Reading(사회평론), Reading Sense(빌드앤그로
우), EBY 토킹클럽(에듀박스), Take Twos(언어세상), 바쁜 5 · 6학년을 위한 빠른 영어특강 영어 시제 편(이지스에듀), ReadWrite 알파
벳 · 파닉스(사람in), 기적의 영어문장 만들기, 기적의 맨처음 영단어, 기적의 영어문장 트레이닝 800(길벗스쿨) 등

기적의 문법+영작 1
Miracle Series – Grammar + Writing 1

초판 발행 · 2016년 11월 10일
초판 14쇄 발행 · 2023년 9월 7일

지은이 · 주선이
발행인 · 이종원
발행처 · 길벗스쿨
출판사 등록일 · 2006년 7월 1일
주소 · 서울시 마포구 월드컵로 10길 56(서교동)
대표 전화 · 02)332-0931 | **팩스** · 02)323-0586
홈페이지 · www.gilbutschool.co.kr | **이메일** · gilbut@gilbut.co.kr

기획 및 책임 편집 · 김남희(sophia@gilbut.co.kr) | **표지 디자인** · 장기춘
제작 · 김우식 | **영업마케팅** · 김진성, 문세연, 박선경, 박다슬 | **웹마케팅** · 박달님, 정유리, 권은나, 이재윤, 성채영
영업관리 · 정경화 | **독자지원** · 윤정아, 최희창

본문 디자인 · 박수연 | **편집진행 및 교정** · 한슬기, 박송현 | **전산편집** · 연디자인 | **삽화** · 하이툰
CTP 출력 및 인쇄 · 상지사 | **제본** · 신정

ISBN 979-11-6406-481-6 64740 (길벗 도서번호 30554)
　　　979-11-6406-480-9 (세트)
정가 15,000원

독자의 1초를 아껴주는 정성 길벗출판사
길벗 | IT실용서, IT/일반 수험서, IT전문서, 경제실용서, 취미실용서, 건강실용서, 자녀교육서
더퀘스트 | 인문교양서, 비즈니스서
길벗이지톡 | 어학단행본, 어학수험서
길벗스쿨 | 국어학습서, 수학학습서, 유아학습서, 어학학습서, 어린이교양서, 학습단행본, 교과서

길벗스쿨 공식 카페 〈기적의 공부방〉 · cafe.naver.com/gilbutschool
인스타그램 / 카카오플러스친구 · @gilbutschool

제품명	: 기적의 문법+영작 1
제조사명	: 길벗스쿨
제조국명	: 대한민국
전화번호	: 02-332-0931
주소	: 서울시 마포구 월드컵로 10길 56 (서교동)
제조년월	: 판권에 별도 표기
사용연령	: 10세 이상

KC마크는 이 제품이 공통안전기준에
적합하였음을 의미합니다.

영어를 공부하는 우리 친구들에게 가장 자주 듣는 질문 중의 하나는 "문법은 왜 공부해요?" 라는 것입니다. 문법(文法)이란 간단히 말하면 "문장(文章)을 만드는 법(法)", 즉 문장을 만드는 규칙을 말해요.

우리의 생각을 전하는 최소 단위인 문장을 쓰고 말할 줄 알려면, 우선 문장을 만드는 규칙을 배워야 해요. 물론 최대한 많은 문장을 직접 듣고 접해서 자연스럽게 영어를 습득하는 방법도 좋지만, 문법을 이용하면 그 습득 시간을 줄일 수 있을 뿐만 아니라, 자신의 생각과 의도를 글로 표현하고자 할 때 보다 정확하고 완성도 있게 나타낼 수 있어요. 그렇게 생각하면 문법은 아주 필요한 것이겠죠?

그래서 이 책은 먼저 문장을 이루는 규칙을 배운 뒤에, 이를 응용하여 영작 연습하는 순서로 이루어졌습니다. 뼈대 문장을 만든 뒤에, 수식하는 말을 덧붙이는 과정을 연습하면서 영작 원리를 익힐 수 있게 하였어요. 문장이 완성되는 원리를 터득하고 나면 어떤 문장이든 쉽게 술술 작성할 수 있을 거예요. 단, 여러 번 반복해서 연습하는 과정이 필요합니다.

이 책은 문장을 이루는 요소(주어, 동사, 목적어, 보어, 수식어)를 순서대로 배우도록 두 권의 시리즈로 구성하였습니다.
1권에서는 문장 맨 앞의 '주어' 자리에 올 수 있는 말들과 그 규칙, 그리고 주어 뒤에 나오는 '동사'의 여러 가지 종류와 시제에 관한 규칙을 알아보고, 부정문과 의문문 만드는 방법도 함께 익힙니다.
2권에서는 동사 뒤에 나오는 '보어'와 '목적어' 및 간접(직접)목적어, 목적보어에 관해 배우고, 뼈대 문장에 붙여 주는 살 역할을 하는 여러 가지 수식어와 그 규칙에 대해 알아봅니다.

두 권을 전부 꾸준히 반복하여 공부하고 나면 영어 일기나 편지, 각종 영작시험이 두렵지 않은 Writing Power를 갖게 될 거라 기대해 봅니다. 이 책으로 학습하는 모든 학생들을 응원하겠습니다.

2016년 11월 주선이

Step 1

STEP 1 개념 잡기

1. 인칭대명사

1

우리말 '나는, 내가'에 해당하는 I는 항상 대문자로 씁니다. 나와 다른 사람을 함께 일컫는 '우리는 we라고 하지요.

I (나는, 내가)
we (우리는, 우리가)

> 나는 1인칭, 상대방인 you 는 2인칭, 그 외의 제 3자를 3인칭이라고 해요. 이렇게 구별하여 나타내는 대명사를 인칭대명사라고 해요.

말을 듣는 상대방 한 명을 가리킬 때는 you, 여러 명을 가리킬 때도 you로 나타냅니다.

you (너희는, 당신은, 네가)
you (너희는, 당신들은, 너희들이)

나와 너 이외의 사람이나 사물을 가리킬 때 남자면 he, 여자면 she, 사물이나 동물은 it을 써요, 둘 이상의 사람이나 사물은 남녀 상관없이 they로 가리킵니다.

he (그는, 그가)
she (그녀는, 그녀가)
it (그것은, 그것이)
they (그들은, 그들이, 그것들이)

2

인칭대명사에 따라 뒤에 오는 be동사의 형태가 달라지므로 함께 기억해 두세요.

> 일반동사의 경우, 3인칭 단수 대명사 뒤에서는 동사에 -s나 -es를 붙이고, 그 외의 대명사 뒤에서는 동사원형을 써요.
> ex) I sing
> He sings.

주격 인칭대명사	1인칭		2인칭		3인칭	
	단수	복수	단수	복수	단수	복수
	I	we	you	you	he, she, it	they
be동사 현재형	am	are	are	are	is	are
be동사 과거형	was	were	were	were	was	were

16

A 다음 주어진 단어를 대신

1 A chair

2 Two chairs

3 A man

4 The girl

5 David

6 Ms. Park

7 My friends

8 Seoul

B 다음 우리말 주어를 알맞

1 나는 cook well.

2 우리는 are happy

3 그들은 look hung

4 그녀는 washed t

5 그것은 is dirty.

6 그것들은 swam in

7 너희들은 were late.

8 당신은 look nice.

Part 1 대명사 주어 17

Step 2

STEP 2 뼈대 문장 만들기

Practice ❶ 대명사 주어로 뼈대 문장 만들기

> 주어(S) + 동사(V)
> We   will cook.
> Who   swims?

1 나는 공부할 것이다.
　나는 ___ 공부할 것이다 ___

2 그는 요리했다.
　그는 ___ 요리했다 ___

3 우리는 운동할 것이다.
　우리는 ___ 운동할 것이다 ___

4 우리는 수영했다.
　우리는 ___ 수영했다 ___

5 내 것은 멈췄다.
　내 것은 ___ 멈췄다 ___

6 이것은 작동해.
　이것은 ___ 작동한다 ___

7 모두 미소지었어.
　모두 ___ 웃었다 ___

8 누가 떠났니?
　누가 ___ 떠났니 ___ ?

단어
주어 Mine, I, We, He, Who, Everybody[Everyone], This
동사 study, leave (left-left), cook, smile, stop, swim (swam-swum), exercise, work

24

개념 잡기

영작을 위한 문법 규칙을 익히는 단계입니다. 문장을 이루는 성분들을 공부하여 정확한 영작을 할 수 있는 기초를 쌓습니다. Practice 문제들로 배운 내용을 확인하며 간단한 문장 쓰기에 도전합니다.

뼈대 문장 만들기

'개념 잡기'에서 배운 내용을 적용하여 문장 만들기 연습에 들어갑니다. 다양한 문장 구조를 접하며 직접 영작을 해봄으로써 자연스럽게 영어의 어순을 익히게 됩니다.

Step 3

Step 4

뼈대 문장 살 붙이기

기본 뼈대 문장에 다양한 살(수식어)을 붙여서
문장을 더욱 풍부하고 완전하게 만들 수 있습니다.
보충하여 붙일 수 있는 살들의 성격을 알아보고
알맞은 위치에 넣는 방법을 배웁니다.

실전 테스트

충분한 영작 트레이닝을 거쳤으니 이제 '실전 테스트'
에 도전해 보세요. 중학교 내신 시험에 출제되는
서술형 문제 유형을 다양하게 담았습니다.
영작 자신감을 키우고, 중학교
시험 문제를 미리 경험해
볼 수 있는 코너입니다.

★ 학습 전에 미리 보는 단어장

파트별 중요 어휘를 수록한 단어장을 길벗스쿨
e클래스(eclass.gilbut.co.kr)에서 제공합니다.
본책 학습에 들어가기에 앞서 중요 어휘의 뜻을
확인하고, 문제를 풀며 정확하게 암기했는지
점검해 보세요. 단어를 미리 익히면 본책 학습이
훨씬 수월해 집니다.

★ 전체 예문 MP3 파일

본책에 수록된 문장을 원어민 음성으로 확인할 수
있는 MP3 파일을 제공합니다.
QR코드를 스캔하여 음원을 바로 듣거나,
다운로드할 수 있습니다.
본책 학습 후, 문장의 정확한 발음을 확인하는 데
활용해 보세요.

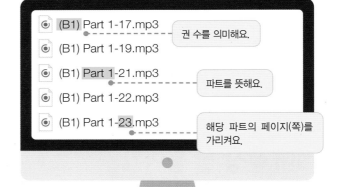

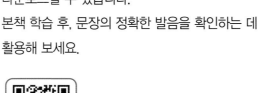
MP3 듣기   길벗스쿨 e클래스 eclass.gilbut.co.kr

학습 계획표

	공부할 내용		학습일
Part 0	미리 알아두면 좋아요 1~4	☐	/
Part 1	개념잡기 1, 2	☐	/
	개념잡기 3, 4	☐	/
	뼈대 문장 만들기	☐	/
	뼈대 문장 살 붙이기	☐	/
Part 2	개념잡기 1, 2	☐	/
	개념잡기 3~5	☐	/
	뼈대 문장 만들기	☐	/
	뼈대 문장 살 붙이기	☐	/
Test	실전 테스트 1	☐	/
Part 3	개념잡기 1, 2	☐	/
	뼈대 문장 만들기	☐	/
	뼈대 문장 살 붙이기	☐	/
Part 4	개념잡기 1, 2	☐	/
	뼈대 문장 만들기	☐	/
	뼈대 문장 살 붙이기	☐	/
Part 5	개념잡기 1, 2	☐	/
	뼈대 문장 만들기	☐	/
	뼈대 문장 살 붙이기	☐	/
Test	실전 테스트 2	☐	/

	공부할 내용		학습일
Part 6	개념잡기 1, 2	☐	/
	개념잡기 3, 4	☐	/
	뼈대 문장 만들기	☐	/
	뼈대 문장 살 붙이기	☐	/
Part 7	개념잡기 1~3	☐	/
	뼈대 문장 만들기	☐	/
	뼈대 문장 살 붙이기	☐	/
Part 8	개념잡기 1, 2	☐	/
	뼈대 문장 만들기	☐	/
	뼈대 문장 살 붙이기	☐	/
Test	실전 테스트 3	☐	/
Part 9	개념잡기 1, 2	☐	/
	개념잡기 3, 4	☐	/
	뼈대 문장 만들기	☐	/
	뼈대 문장 살 붙이기	☐	/
Part 10	개념잡기 1, 2	☐	/
	뼈대 문장 만들기	☐	/
	뼈대 문장 살 붙이기	☐	/
Part 11	개념잡기 1, 2	☐	/
	개념잡기 3, 4	☐	/
	뼈대 문장 만들기	☐	
Test	실전 테스트 4	☐	/

차례

명사 noun	사람, 동물, 장소나 물건 등 세상 모든 것의 이름을 나타내는 말이에요. 눈에 보이거나 보이지 않는 것, 셀 수 있거나 셀 수 없는 것들이 다 포함됩니다.    Ruth apple　　sheep boy　　room idea

대명사 pronoun	한 번 나온 명사를 반복하지 않고 대신할 때 쓰는 말이에요. boys → they, them Mr. Gong → he, his, him Mary → she, her a dog → it

동사 verb	사람이나 사물의 상태나 동작을 나타내는 말이에요. 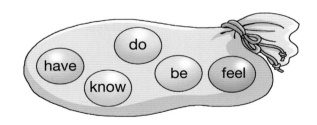

형용사 adjective	명사를 꾸며주는 역할을 해요. 문장에서 보어로 쓰이기도 해요. big little short tall thin **thick**　+ letters　　The trees are +　big little short tall thin **thick**

부사
adverb

동사, 형용사, 부사, 또는 문장 전체를 꾸며서 그 의미를 좀 더 자세하게 나타내는 역할을 해요.

He sang
- **loudly**.
- **well**.
- **outside**.
- **yesterday**.

접속사
conjunction

단어와 단어, 구와 구, 문장과 문장을 이어주는 역할을 하는 말이에요.

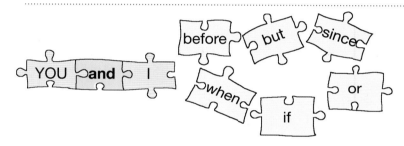

전치사
preposition

명사나 대명사 앞에서 위치나 장소, 시간을 나타내는 말이에요.

in the hole   **to** Busan   **at** three

감탄사
exclamation

감정을 나타내는 말이에요.

Oh, yes!
Wow!
Nice!
Hurray!

Yikes!
Ouch!
Oh!
Oops!

영어의 5가지 문장 성분

기본 문장 구조

주어(Subject) + **동사**(Verb) + **목적어**(Object)

보어(Complement)

수식어(Modifier)

우리말의 '무엇을'에 해당하는 말로, 동사의 대상을 나타내요. 목적어 자리에는 명사나 대명사가 와요.

'누가'에 해당하는 말로 어떤 행동이나 상태의 주체가 되는 말이에요. 보통 문장의 맨 앞에 옵니다. 명사나 대명사가 주어 자리에 와요.

우리말의 '~이다, ~하다'에 해당하는 말로 주어의 행동이나 상태를 나타내는 말이에요.

주어를 자세히 보충 설명해 주는 말로, 동사 뒤에 나오는 명사나 형용사가 해당돼요.

문장에 좀 더 풍성하고 상세한 의미를 주기 위해 쓰이는 부사(구)나 형용사(구)등을 일컬어요. 문장의 필수적인 요소는 아니예요.

주격 보어와 목적격 보어

주어	+	동사	+	보어	주어에 대해 묘사하고 보충 설명하는 (주격) 보어
Amy		is		pretty.	

주어	+	동사	+	목적어	+	목적격 보어	목적어를 묘사하고 보충 설명하는 목적격 보어
I		think		Amy		pretty.	

간접목적어와 직접목적어

주어	+	동사	+	간접목적어	+	직접목적어	어떤 동사는 목적어를 두 개 가지는 경우가 있어요. 이 때 '~에게'에 해당하는 목적어를 **간접목적어**, '~을/를'에 해당하는 목적어를 **직접목적어**라고 합니다.
Amy		gave		me		an apple.	

영작할 때 주의해야 할 점

1 문장의 첫 단어는 항상 대문자로 시작해요.

2 다음과 같은 단어들은 항상 대문자로 써요.
 이름이나 특정 장소를 나타내는 고유 명사, 요일이나 달 이름,
 1인칭 주어 'I', 'Mr.[Ms] Kim'과 같은 직함은 항상 대문자로 써요.

3 하나의 문장에는 반드시 '주어'와 '동사'가 담겨야 해요.
 우리말에서는 동사가 문장 맨 뒤에 오지만 영어에서는 동사가 항상 주어 뒤에 와요.

4 문장 끝에는 마침표(.)나 물음표(?) 또는 느낌표(!)의 문장부호를 붙여서 문장이 끝났음을 알려줘야 해요.

5 다음과 같은 경우에는 쉼표(,)를 붙여요.
 두 가지 문장이 결합될 때, 같은 성격의 항목들을 나열할 때,
 문장 전체를 수식하는 부사나 접속어가 맨 앞에 와서 이를 구분할 때

이 책에 등장하는 용어

단수 · 복수

단수 | 한자어를 풀이하면 '하나의 수'라는 의미. 여러 개가 아닌 '하나'를 뜻합니다.

복수 | '여럿'이라는 의미로, 두 개 이상을 말합니다. 즉, 2개 이상이면 '복수'가 됩니다.
주어가 단수이냐 복수이냐에 따라 동사의 모양이 바뀌므로, 주어의 '수'가 하나인지 두 개 이상인지 구분하며 문장을 만들어야 해요.

부사구

동사를 꾸며주는 부사가 '구'로 이루어진 것을 말합니다. 즉 2개 이상의 단어가 결합되어 부사 역할을 하는 것이죠. 보통 '전치사+명사' 또는 '부사+부사' 형태로 이루어져요.

모음 · 자음

모음 | a, e, i, o, u

자음 | 그 외의 알파벳

be동사 · 일반동사

be동사 | be동사는 주어 뒤에 나오며 '~이다, 있다'라는 뜻을 지녀요. 주로 주어의 상태나 존재를 나타내죠. 바로, am/are/is가 be동사예요. 원형이 be이기 때문에 be동사라고 불러요.
(과거형은 was/were, 과거분사형은 been)

일반동사 | be동사와 조동사를 제외한 모든 동사를 말합니다. 공부하다 study, 사다 buy, 씻다 wash 등 동작이나 행위를 나타내는 일반적인 동사들을 말합니다.

PART **1**

대명사 주어

1. 인칭대명사

1 우리말 '나는, 내가'에 해당하는 I는 항상 대문자로 씁니다. 나와 다른 사람을 함께 일컫는 '우리'는 we라고 하지요.

> 나는 1인칭, 상대방인 you 는 2인칭, 그 외의 제 3자를 3인칭이라고 해요. 이렇게 구별하여 나타내는 대명사 를 **인칭대명사**라고 해요.

I (나는, 내가)
we (우리는, 우리가)

말을 듣는 상대방 한 명을 가리킬 때는 you, 여러 명을 가리킬 때도 you로 나타냅니다.

you (너는, 당신은, 네가)
you (너희들은, 당신들은, 너희들이)

나와 너 이외의 사람이나 사물을 가리킬 때 남자면 he, 여자면 she, 사물이나 동물은 it을 써요. 둘 이상의 사람이나 사물은 남녀 상관없이 they로 가리킵니다.

he (그는, 그가)
she (그녀는, 그녀가)
it (그것은, 그것이)
they (그들은, 그들이, 그것들이)

2 인칭대명사에 따라 뒤에 오는 be동사의 형태가 달라지므로 함께 기억해 두세요.

> 일반동사의 경우, 3인칭 단수 대명사 뒤에서는 동 사에 -s나 -es를 붙이고, 그 외의 대명사 뒤에서는 동사원형을 써요.
> ex) I sing.
>   He sings.

주격 인칭대명사	1인칭		2인칭		3인칭	
	단수	복수	단수	복수	단수	복수
	I	we	you	you	he, she, it	they
be동사 현재형	am	are	are	are	is	are
be동사 과거형	was	were	were	were	was	were

PRACTICE

A 다음 주어진 단어를 대신할 주격 인칭대명사를 써 보세요. 첫 글자를 대문자로 쓰세요.

1 A chair → _____

2 Two chairs → _____

3 A man → _____

4 The girl → _____

5 David → _____

6 Ms. Park → _____

7 My friends → _____

8 Seoul → _____

9 Your sister → _____

10 Your dog → _____

11 Her brother → _____

12 You and I → _____

13 Jack and Jill → _____

14 Mary and I → _____

15 Minho and his sister → _____

16 You and Jane → _____

B 다음 우리말 주어를 알맞은 영어 표현으로 고쳐 문장을 완성하세요.

1 나는 cook well. → _____

2 우리는 are happy. → _____

3 그들은 look hungry. → _____

4 그녀는 washed the car. → _____

5 그것은 is dirty. → _____

6 그것들은 swam in the pool. → _____

7 너희들은 were late. → _____

8 당신은 look nice. → _____

2. 소유대명사와 지시대명사

1
우리말의 '나의 것', '너의 것', '우리의 것'을 영어로 mine, yours, ours라고 표현할 수 있어요. 단어 자체에 '~의 것'이란 의미가 포함된 것이지요. 이러한 단어들을 소유대명사라고 해요.

인칭대명사의 소유격	my	your	his	her	our	your	their
소유대명사	mine	yours	his	hers	ours	yours	theirs

2
우리말의 '이것(들)', '저것(들)'처럼 눈앞에 보이는 사물이나 사람을 가리키는 영어 단어들에는 this, that, these, those가 있는데, 이를 지시대명사라고 합니다. 이 중 this, that은 단수 명사를 대신하고 these, those는 복수 명사를 대신해요.

	단수	복수
가까이 있는 것	this 이것, 이 사람	these 이것들, 이 사람들
멀리 있는 것	that 저것, 저 사람	those 저것들, 저 사람들

3
소유대명사와 지시대명사는 홀로 주어가 될 수 있습니다. 하지만 인칭대명사 소유격이나 지시형용사 뒤에는 반드시 명사가 와야 해요.

소유대명사: 나의 것

Mine is new.
나의 것

인칭대명사 소유격: 나의

My bag is new.
나의 가방

지시대명사: 이것

This is new.
이것

지시형용사: 이

This bag is new.
이 가방

A 다음 주어진 단어를 대신할 소유대명사를 써 보세요. 첫 글자를 대문자로 쓰세요.

1 My chair → _____

2 Their chairs → _____

3 His horse → _____

4 Your dogs → _____

5 Her feet → _____

6 Our test → _____

7 The girl's shoes → _____

8 David's coat → _____

9 Our house → _____

10 Your umbrellas → _____

11 My pictures → _____

12 Your notebooks → _____

13 Ms. Park's room → _____

14 The boys' uniforms → _____

15 The teachers' office → _____

16 Your brother's key → _____

B 다음 우리말 주어를 알맞은 영어 표현으로 고쳐 문장을 완성하세요.

1 나의 것은 is new. → _____

2 우리의 것은 are upstairs. → _____

3 그들의 것은 are not here. → _____

4 그녀의 것은 is the biggest. → _____

5 이것은 is my seat. → _____

6 저분은 is his father. → _____

7 이것들은 are too small. → _____

8 저것들은 are not mine. → _____

3. 부정대명사

1 여러 개의 사물이나 사람을 두루뭉술하게 가리켜 아래와 같은 단어들로 표현할 수 있습니다. 주어 자리에 one, the other, another가 올 때는 단수 주어로 취급하고, some, the others는 복수 주어로 취급한다는 것도 기억해 두세요.

> 특정한 사람이나 사물을 가리키지 않고 막연하게 '누군가, 어떤 이가, 대부분은, 어느 것은'이라고 표현하는 말들을 **부정대명사**라고 해요.

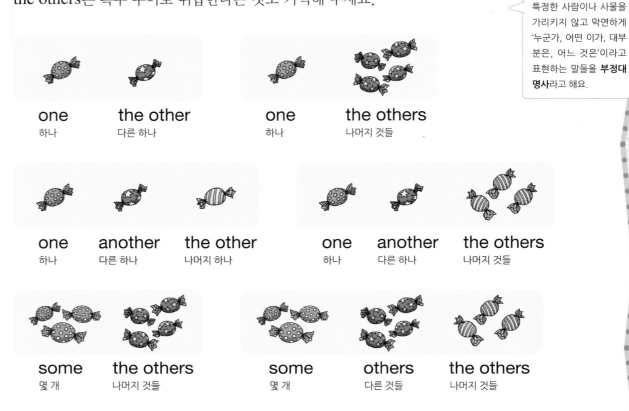

one 하나　**the other** 다른 하나

one 하나　**the others** 나머지 것들

one 하나　**another** 다른 하나　**the other** 나머지 하나

one 하나　**another** 다른 하나　**the others** 나머지 것들

some 몇 개　**the others** 나머지 것들

some 몇 개　**others** 다른 것들　**the others** 나머지 것들

2 every, some, no 뒤에 -body, -thing이 붙은 단어들을 살펴봅시다.

사람(person)을 나타낼 때	사물(thing)을 나타낼 때
everybody 모두	**everything** 모든 것
somebody 누군가	**something** 무엇인가
anybody 누구든, 아무라도	**anything** 무엇이든, 아무것이라도
nobody 아무도 (~않다)	**nothing** 아무것도 (~않다)

> some-은 주로 긍정문에서, any-는 부정문이나 의문문에서 쓰여요.

▶ -body 대신에 -one을 붙인 everyone, someone, no one도 같은 의미로 통해요.

다음 각 그림에 해당하는 부정대명사를 써 보세요.

the others

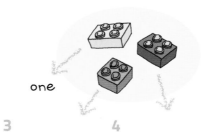
one

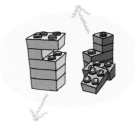

1 .... 2 .... 3 .... 4 .... 5 ....

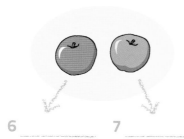

6 .... 7 .... 8 .... 9 .... 10 ....

 다음 우리말에 해당하는 부정대명사를 써 보세요. ▶ 문장의 첫 글자는 대문자로 씁니다.

1 _____ is mine.
하나는

_____ is yours.
다른 하나는

_____ is his.
나머지 하나는

2 _____ are diamonds.
몇 개는

_____ are rubies.
다른 몇 개는

_____ are pearls.
나머지 것들은

3 Jane bought two caps.

_____ is yellow.
하나는

_____ is brown.
나머지 하나는

4 There are many apples.

_____ are on the table.
몇 개는

_____ are in the basket.
나머지 것들은

5 _____ came early.
모든 사람이

_____ was late.
아무도 ~않다

6 _____ happened.
무슨 일이

_____ is left.
아무것도 ~ 않다

4. 의문대명사

1 "누가 왔어요?", "무엇이 들어 있나요?"와 같은 문장은 주어에 대해 질문하는 문장이에요. 이때 주어로 Who, What, 그리고 Which가 쓰일 수 있는데, 이를 의문대명사라고 합니다.

2 사람에 대해 물을 때는 '누가'라는 뜻으로 Who를 씁니다.

Somebody cooks the soup.
↓
Who cooks the soup?
누가

3 사물이나 동물에 대해 물을 때는 '무엇이'라는 뜻으로 What을 씁니다.

Something is in the box.
↓
What is in the box?
무엇이

4 여러 대상 중에서 선택할 때, '어느 것이, 어느 쪽 사람이'라는 뜻으로 Which를 씁니다.

Which is yours?
어느 것이

PRACTICE

A 다음 밑줄 친 대상에 대해 질문하는 문장을 의문대명사를 써서 완성하세요.

1 <u>Jane</u> is your sister. → _____ is your sister?

2 <u>David</u> told you. → _____ told you?

3 <u>The news</u> makes you sad. → _____ makes you sad?

4 Mike or Ben? <u>Mike</u> is older. → _____ is older, Mike or Ben?

5 <u>Something</u> happened. → _____ happened?

6 Meat or Fish? <u>Meat</u> is more expensive.

→ _____ is more expensive, meat or fish?

B 다음 우리말 주어를 알맞은 영어 표현으로 고쳐 문장을 완성하세요. ▶ 문장의 첫 글자는 대문자로 씁니다.

1 <u>어느 것이</u> looks better? → _____

2 <u>누가</u> sang the song? → _____

3 <u>무엇이</u> tastes sweet? → _____

4 <u>어느 것이</u> is bigger? → _____

5 <u>누가</u> works here? → _____

6 <u>무엇이</u> went wrong? → _____

7 <u>누가</u> did this? → _____

8 <u>무엇이</u> smells good? → _____

Practice 1 대명사 주어로 뼈대 문장 만들기

주어(S)	+	동사(V)
We		will cook.
Who		swims?

1 나는 공부할 것이다.

→ _____ _____ .
　　나는　　　　　　　공부할 것이다

2 그는 요리했다.

→ _____ _____ .
　　그는　　　　　　　요리했다

3 우리는 운동할 것이다.

→ _____ _____ .
　　우리는　　　　　　운동할 것이다

4 우리는 수영했다.

→ _____ _____ .
　　우리는　　　　　　수영했다

5 내 것은 멈췄다.

→ _____ _____ .
　　내 것은　　　　　　멈췄다

6 이것은 작동해.

→ _____ _____ .
　　이것은　　　　　　작동한다

7 모두 미소지었어.

→ _____ _____ .
　　모두　　　　　　　　　　　웃었다

8 누가 떠났니?

→ _____ _____ ?
　　누가　　　　　　떠났니

힌트

주어　Mine, I, We, He, Who, Everybody[Everyone], This
동사　study, leave (left-left), cook, smile, stop, swim (swam-swum), exercise, work

주어(S)	+	동사(V)	+	보어(C)
She		is		sick.
This		looks		fine.

1 그것은 맛있는 냄새가 난다.

→ _____ _____ _____.
그것은 / 냄새가 난다 / 맛있는

2 그녀는 키가 커 보인다.

→ _____ _____ _____.
그녀는 / ~해 보인다 / 키가 큰

3 그들은 기분이 좋았다.

→ _____ _____ _____.
그들은 / 느꼈다 / 기분 좋은

4 내 것은 빨간색이다.

→ _____ _____ _____.
내 것은 / ~이다 / 빨간색의

5 이것은 새 것이다.

→ _____ _____ _____.
이것은 / ~이다 / 새로운

6 뭔가 맛이 이상하다.

→ _____ _____ _____.
뭔가 / 맛이 난다 / 이상한

7 어느 것이 너의 것이니?

→ _____ _____ _____?
어느 것이 / ~이니 / 너의 것

8 아무도 늦지 않았다.

▶ nobody에는 '~않다'의 의미가 포함되어
있어 따로 not을 쓸 필요가 없어요.

→ _____ _____ _____.
아무도 (~않다) / ~이었다 / 늦은

힌트

주어 She, Mine, This, Something, Nobody, Which, It, They
동사 is (was), taste, look, feel (felt-felt), smell
보어 yours, late, strange, tall, yummy, good, red, new

주어(S)	+	동사(V)	+	목적어(O)
Everyone		took		the bus.
Who		washed		this?

1 그들은 그녀를 만난다. ➜ _____ _____ _____ .

그들은　　　　　　만난다　　　　　　　그녀를

2 나는 숙제를 했다. ➜ _____ _____ _____ .

나는　　　했다　　　　　　　나의 숙제를

3 우리는 손을 씻었다. ➜ _____ _____ _____ .

우리는　　　　　　씻었다　　　　　　우리의 손을

4 아무도 설거지를 하지 않는다. ➜ _____ _____ _____ .

▶ do the dishes 설거지하다

아무도 (~않다)　　　씻는다　　　　　　접시들을

5 누군가 내 우산을 가져갔다. ➜ _____ _____ _____ .

누군가　　　　　　가져갔다　　　　내 우산을

6 모두가 그를 만날 것이다. ➜ _____ _____ _____ .

모두가　　　　　　　만날 것이다　　　　　그를

7 누가 내게 전화했니? ➜ _____ _____ _____ ?

누가　　　　　　전화했니　　　　　내게

8 누가 이 케이크를 만들었어? ➜ _____ _____ _____ ?

누가　　　　　　만들었어　　　　　이 케이크를

힌트

주어 We, Who, Nobody[No one], They, Somebody[Someone], I, Everybody[Everyone]
동사 do (did-done), make(made-made), meet, take (took-taken), wash, call
목적어 cake, her, hands, the dishes, umbrella, him, me, homework

시간(때)을 나타내는 살: this

this week 이번 주에   **this** month 이달에   **this** morning 오늘 아침에

this year 올해에   **this** time 이번에   **this** Friday 이번 금요일에

Nobody will be late ↘. this time

이번에는 아무도 늦지 않을 것이다.

1 그는 이번 주에 공부할 것이다.

➜ _____.

2 이번에는 아무도 요리하지 않았다. ▸ nobody에는 이미 부정의 의미가 포함되어 있어요.

➜ _____.

3 저것은 이번 달에 멈출 것이다. (stop)

➜ _____.

4 이번 주에는 모두가 행복했다. (happy)

➜ _____.

5 누군가 오늘 아침에 빨래를 했다. ▸ do the laundry 빨래하다

➜ _____.

6 그는 올해 (건강이) 더 좋아 보인다. (better)

➜ _____.

7 이번에는 네 것이(= 네 작품이) 더 좋아 보인다. (better)

➡ _____ .

8 나는 오늘 아침에 샤워를 했다. ▸ take a shower 샤워하다

➡ _____ .

9 우리는 이번 주에 사진을 찍을 것이다. ▸ take pictures 사진 찍다

➡ _____ .

10 아무도 이번 겨울에 제인(Jane)을 만나지 않았다. ▸ meet - met - met

➡ _____ .

시간(때)을 나타내는 살: last

last weekend 지난 주말에   **last** night 어젯밤에   **last** Tuesday 지난 화요일에
last summer 지난 여름에   **last** year 작년에   **last** month 지난달에

▸ last는 항상 과거 시제와 함께 써요.

They   swam ↘. [last summer]
그들은 **지난 여름에** 수영했다.

---

11 그 나머지 사람들은 지난 주말에 일했다. (the others)

➡ _____ .

12 어젯밤에 모두 피곤해 보였다. (tired)

➡ _____ .

28

13 누가 어젯밤에 도착했니? (arrive)

➡ _____ ?

14 지난 달에 무슨 일이 있었니? (happen)

➡ _____ ?

15 아무도 어젯밤에 설거지를 하지 않았다.

➡ _____ .

16 그는 어젯밤에 놀란 듯 보였다. (surprsied)

➡ _____ .

17 이분들은 작년에 나의 선생님이었다. (these)

➡ _____ .

18 모두가 지난 화요일에 집청소를 했다. (clean, the house)

➡ _____ .

시간(때)을 나타내는 살: next

next week 다음 주에   **next** month 다음 달에   **next** Sunday 다음 일요일에

next spring 다음 봄에   **next** year 내년에   **next** time 다음 번에

▶ next는 미래의 일을 나타낼 때 써요.

Who will sing ? next time

다음 번에는 누가 노래할 건가요?

19 다음 일요일에는 아무도 운동하지 않을 것이다. (exercise) ▶ 요일의 첫 글자는 항상 대문자로 써요.

➡ _____ .

20 그녀는 다음 주에 떠날 것이다. (leave)

➡ _____ .

21 우리는 다음 번에 눈사람을 만들 것이다. (make)

➡ _____ .

22 저것들은 다음 달이면 달콤한 향을 낼 것이다. (smell, sweet)

➡ _____ .

23 모든 것이 다음 번에는 완벽할 것이다. (perfect) ▶ everything은 단수 취급해요.

➡ _____ .

24 그것은 다음 화요일에 준비될 것입니다. (ready)

➡ _____ .

25 저분들이 다음 달에 너희 학교를 방문할 것이다. (visit)

➡ _____ .

26 우리는 다음 주말에 아무것도 안 할 것이다.

➡ _____ .

27 누가 다음 번에 사진을 찍을 거니?

➡ _____ ?

빈도를 나타내는 살: every

every day 매일

every time 매번

every week 매주

every year 해마다

every Monday 월요일마다

every morning 아침마다

▶ every는 반복이나 습관을 나타낼 때 써요.

He looks busy ↘. | every morning |

그는 **매일 아침** 바빠 보인다.

---

28 그녀는 매일 아침 요리한다. (cook) ▶ 주어가 3인칭 단수일 때, 동사 현재형에는 -(e)s를 붙여요.

➤ _____ .

29 그는 월요일마다 수영한다. (swim)

➤ _____ .

30 그들은 매번 이겼다. (win)

➤ _____ .

31 누가 매년 오나요? ▶ 의문사 who가 주어로 오면 단수 취급해요.

➤ _____ ?

32 그들은 매일 사진을 찍는다.

➤ _____ .

33 그들은 월요일마다 지각한다. (be, late)

➤ _____ .

34 그는 매일 아침 샤워를 한다. (take a shower)

➡ _____ .

35 너는 일요일마다 내게 전화했다. (call)

➡ _____ .

36 그녀는 목요일마다 케이크를 만든다. (make a cake, Thursday)

➡ _____ .

37 그들은 금요일마다 사진을 찍는다. (Friday)

➡ _____ .

명사 주어

1. 셀 수 있는 명사와 셀 수 없는 명사

1 ant(개미), cup(컵), cow(소)와 같은 명사는 '하나, 둘, 셋…' 셀 수 있지만, juice(주스), air(공기), America(미국), English(영어)는 셀 수 없어요.

2 영어에서 셀 수 있는 명사를 다룰 때는 하나인지 둘 이상인지 구분해서 써야 해요. 하나 일 때는 명사 앞에 **a**를 붙이고, 둘 이상일 때는 명사 끝에 **-s**를 붙입니다.

셀 수 있는 명사	셀 수 없는 명사	
a rose → rose**s**	love	air
a cup → cup**s**	water	sand
a teacher → teacher**s**	money	meat
a cat → cat**s**	Ben	Korea

> 셀 수 없는 명사에는 사람 이름, 장소 이름, 요일 같은 고유한 이름이 있는 것들(고유명사), 일정한 형태가 없는 물질들(물질명사), 눈에 명확히 보이지 않는 추상적인 것들의 이름(추상명사)이 있어요.

3 셀 수 있는 명사 중에서 발음이 모음 [a], [e], [i], [o], [u]로 시작하는 명사 앞에는 '하나의'의 의미로 an을 붙여요.

an + 모음으로 시작하는 명사		a + 자음으로 시작하는 명사	
an apple	**an** egg	**a** bag	**a** carrot
an orange	**an** umbrella	**a** dog	**a** boy
an uncle	**an** ant	**a** chair	**a** cow
an animal	**an** hour	**a** woman	**a** university

▶ hour는 h가 묵음이며 [áuər]로 소리나기 때문에 앞에 an을 붙여요.

▶ umbrella, uncle, university는 모두 u로 시작하지만 발음은 각각 [ʌmbrélə], [ʌ́ŋkl], [jùːnəvə́ːrsəti]로 소리나기 때문에 umbrella, uncle 앞에는 an을, university 앞에는 a를 붙여요.

PRACTICE

A 다음 단어들을 셀 수 있는 명사와 셀 수 없는 명사로 구분해 쓰세요.

| flower | desk | umbrella | time | violin | door |
| snow | foot | John | Seoul | air | dog | water |

셀 수 있는 명사 : _____

셀 수 없는 명사 : _____

B 다음 명사 앞에 a나 an 중 알맞은 것을 골라 쓰세요.

1 _____ chair   2 _____ sister   3 _____ hour   4 _____ woman

5 _____ apple   6 _____ animal   7 _____ brother   8 _____ uncle

C 다음 우리말 주어를 알맞은 영어 표현으로 고쳐 문장을 완성하세요.

1 고양이 한 마리가 빨리 달린다.   →   _____ runs fast.

2 한 소년이 공을 던진다.   →   _____ throws a ball.

3 영어는 재미있다.   →   _____ is fun.

4 소는 동물이다.   →   _____ is an animal.

5 켈리는 데이비드를 안다.   →   _____ knows David.

6 서울은 큰 도시이다.   →   _____ is a big city.

7 한 시간은 60분이다.   →   _____ has sixty minutes in it.

힌트

boy, Kelly, cat, hour, English, cow, Seoul

2. 복수 명사

1 셀 수 있는 명사의 복수형은 대부분 명사 끝에 -s를 붙여요.

a carrot → carrot**s**   a dog → dog**s**   a hand → hand**s**

2 그러나 명사의 철자에 따라 -es를 붙이는 경우도 있어요.

s, x, sh, ch, o로 끝나는 명사: -es를 붙인다

a **bus** → bus**es**   a glass → glass**es**   a box → box**es**
a dish → dish**es**   a church → church**es**   a tomato → tomato**es**

자음+y로 끝나는 명사: y를 i로 고치고 -es를 붙인다

a city → cit**ies**   a baby → bab**ies**   a puppy → pupp**ies**

f, fe로 끝나는 명사: v로 고치고 -es를 붙인다

a leaf → lea**ves**   a knife → kni**ves**   a wife → wi**ves**

3 이러한 규칙 없이 단수 명사와 복수 명사의 모양이 항상 같은 경우도 있어요. 또한 복수형이 되면서 형태가 완전히 바뀌는 경우도 있어요.

단수와 복수 명사의 모양이 같은 경우

a fish → fish
a deer → deer
a sheep → sheep

sheep

단수와 복수 명사의 모양이 다른 경우

a foot → feet
a man → men
a child → children
a goose → geese
a woman → women
a mouse → mice

mice

PRACTICE

A 다음 단어의 복수형을 써 보세요.

1 a mouse → _____
2 a ticket → _____

3 a knife → _____
4 a fox → _____

5 a watch → _____
6 a boy → _____

7 a cup → _____
8 a foot → _____

B 다음 우리말 주어에 맞는 영어 표현으로 고쳐서 문장을 다시 쓰세요. ▶ 복수 명사가 주어로 올 때, 뒤의 동사는 복수 형태로 씁니다.

1 My hand are dirty. → _____
   내 손들이

2 The child play outside. → _____
   아이들이

3 City are noisy and busy. → _____
   도시들이

4 Fish swim in the river. → _____
   물고기들이

5 The student study math. → _____
   학생들이

6 Sheep are in the field. → _____
   양들이

7 Two bus go there. → _____
   버스 두 대가

8 His arm look strong. → _____
   그의 팔들이

3. 명사를 한정 짓는 말 Ⅰ

1 a hat(모자 하나), the hat(그 모자), my hat(나의 모자), this hat(이 모자)과 같이 명사 hat 앞에 다양한 말들을 붙여서 어떤 모자인지 성격을 한정 지을 수 있어요. 이러한 역할을 하는 말들을 한정사라고 합니다.

2 어떤 대상을 가리키는지 성격이 분명할 때는 명사 앞에 **the**를, 한계가 명확하지 않을 때는 명사 앞에 a[an]를 씁니다.

a cap 모자 하나
the cap 그 모자

an umbrella 우산 하나
the umbrella 그 우산

3 소유를 나타낼 때는 명사 앞에 my(나의), your(너의, 너희의) 등의 소유격을 쓰거나, 's를 붙여서 명사의 소유를 나타냅니다.

인칭대명사(소유격) + 명사	명사의 소유격('s) + 명사
my hat 나의 모자	Minho**'s** bike 민호의 자전거
her desk 그녀의 책상	the man**'s** son 그 남자의 아들
their umbrellas 그들의 우산들	girls**'** school 여학교

> -s로 끝나는 복수 명사의 소유격은 '(apostrophe) 만 붙입니다.
> 예) girls', boys'

나의	너(희)의	그의	그녀의	그것의	우리의	그들의
my	your	his	her	its	our	their

4 '이', '저'라는 뜻의 this, that을 명사 앞에 써서 눈에 보이는 사물이나 사람을 가리킬 수 있어요. 복수 명사일 경우에는 this 대신 these를, that 대신 those를 씁니다.

this bag 이 가방
these bags 이 가방들

that child 저 아이
those children 저 아이들

38

PRACTICE

A 다음 우리말 주어를 영어로 옮겨 보세요.

1 자동차 한 대가 ➡ _____

이 자동차가 ➡ _____

그 자동차가 ➡ _____

그녀의 자동차가 ➡ _____

2 버스 한 대가 ➡ _____

그의 버스가 ➡ _____

그 버스가 ➡ _____

저 버스가 ➡ _____

3 그 우유는 ➡ _____

너의 우유는 ➡ _____

이 우유는 ➡ _____

저 우유는 ➡ _____

▶ milk는 셀 수 없는 명사예요.

4 그 컵들은 ➡ _____

그들의 컵들은 ➡ _____

이 컵들은 ➡ _____

저 컵들은 ➡ _____

B 다음 우리말 주어를 알맞은 영어 표현으로 고쳐 문장을 완성하세요.

1 이 자동차는 매우 비싸다. ➡ _____ is very expensive.

2 저 책은 내 것이다. ➡ _____ is mine.

3 내 책상은 낡았다. ➡ _____ is old.

4 저 컵들은 새 것이다. ➡ _____ are new.

5 그 남자의 아들은 8살이다. ➡ _____ is 8 years old.

6 빌(Bill)의 우산은 빨간색이었다. ➡ _____ was red.

7 우리의 책들이 탁자 위에 있다. ➡ _____ are on the table.

8 이 가방들은 중국에서 만든 것이다. ➡ _____ are made in China.

4. 명사를 한정 짓는 말 Ⅱ

1 셀 수 있는 명사가 하나일 때는 a나 an을 쓰지만, 그 이상일 때에는 셀 수 있는 명사의 복수형 앞에 수를 나타내는 말을 쓸 수 있어요.

two foxes
여우 두 마리

ten watches
시계 열 개

a hundred students
학생 100명

2 이밖에, 명사 앞에는 수와 양을 나타내는 다양한 표현들이 올 수 있어요. 수량을 나타내는 단어 뒤에 오는 명사는 셀 수 있으면 복수형으로, 셀 수 없으면 단수형으로 써야 해요.

all 모든	**all** horses 모든 말들	most 대부분의	**most** people 대부분의 사람들
	all money 모든 돈		**most** water 대부분의 물
some[any] 약간/몇몇	**some** apples 사과 몇 개	no ~이 없는	**no** letters 편지가 없는
	some cheese 치즈 약간		**no** bread 빵이 없는

> some은 주로 긍정문에, any는 부정문이나 의문문에 쓰여요.

	셀 수 있는 명사	셀 수 없는 명사
많은	many (= a lot of)	much (= a lot of)
약간의, 소수의	a few	a little

many cookies 많은 과자들
a few cookies 적은 과자들

much milk 많은 우유
a little milk 적은 우유

> 주로 부정문과 의문문에서 much를 쓰고, 긍정문에서는 a lot of를 써요.

▶ a few, a little은 some[any]과 바꿔 쓸 수 있어요.

3 each(각각의), every(모든, 하나하나의) 뒤에는 단수 명사만 올 수 있어요. 그러나 all (모든) 뒤에는 셀 수 있는 명사의 경우 복수형을 씁니다.

each child 각각의 아이들

every child 모든 아이들

all children 모든 아이들

▶ 그림을 보며 every와 all의 차이점도 느껴 보세요.

PRACTICE

 A 괄호 안의 단어들 중 적절하지 않은 단어 두 곳에 ×표 하세요.

1 many + (water, oranges, sugar, sandwiches, cookies)

2 much + (books, bread, pen, time, English)

3 every + (day, weeks, student, girls, tree)

4 a few + (minutes, child, fish, dog, flowers)

5 a little + (water, apples, cheese, money, friends)

6 all / most / some + (house, oil, bananas, music, rains)

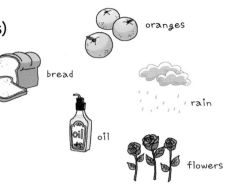

 B 다음 우리말을 영어로 옮겨 보세요.

1 약간의 돈 ➡ _____ money   2 책 몇 권 ➡ _____ books

➡ _____ money   ➡ _____ books

많은 돈 ➡ _____ money   많은 책들 ➡ _____ books

➡ _____ money   ➡ _____ books

3 각각의 학생 ➡ each _____   4 모든 학생들 ➡ every _____

각각의 학교 ➡ each _____   모든 학교들 ➡ every _____

각각의 단어 ➡ each _____   모든 단어 ➡ every _____

각각의 모자 ➡ each _____   모든 신발 ➡ all _____

C 다음 우리말 주어를 알맞은 영어 표현으로 고쳐 문장을 완성하세요. 일부는 두 가지 답이 가능해요.

1 <u>대부분의 학생들은</u> 영어를 배운다. ➡ _____ learn English.

2 <u>몇몇 사람들은</u> 그 영화를 보았다. ➡ _____ saw the movie.

3 <u>버스 두 대가</u> 7시에 떠난다. ➡ _____ leave at 7:00.

4 <u>각각의 단어는</u> 뜻을 지닌다. ➡ _____ has meaning.

5 <u>대부분의 물은</u> 마시기에 안전하다. ➡ _____ is safe to drink.

Part 2. 명사 주어 41

5. 명사를 꾸며 주는 형용사

1 형용사는 우리말로 '~한, ~로운, ~하는'의 의미를 가진 단어로, 의견·크기·모양·색· 재료 등을 나타내는 말이에요.

가치 / 의견	크기	모양	나이 / 온도	색	재료 / 국적
good	big	deep	old	red	wooden
salty	small	flat	young	yellow	golden
poor	long	high	new	white	stone
nice	short	round	hot	green	metal
beautiful	little	square	cold	dark	Korean
		rectangular			

2 문장에서 형용사는 한정사 뒤에, 명사 앞에 옵니다. 명사 앞에는 두 개 이상의 형용사를 동시에 쓸 수 있어요. 그런 경우에 형용사는 위 표의 순서대로 〈수량 + 의견 + 크기/모양/ 나이 + 재료/국적〉 등의 순서로 씁니다.

a **pretty** room
예쁜 방

my **big** room
나의 큰 방

the **new** room
그 새 방

two **tall** students
키 큰 학생들 두 명

these **bright** students
이 똑똑한 학생들

some **Chinese** students
중국인 학생들 몇 명

this **warm** soup
이 따뜻한 수프

a little **chicken** soup
약간의 치킨 수프

much **salty** soup
많은 짠 수프

its **short front** legs
그것의 짧은 앞다리

her **long dark** hair
그녀의 길고 검은 머리카락

a **big round wooden** table
크고 둥근 나무 탁자

3 단수 명사 앞에 형용사가 오는 경우에 형용사가 모음으로 시작하면 a 대신 an을 써야 해요.

a bag
→ **an** old bag
낡은 가방

a box
→ **an** empty box
빈 상자

an animal
→ **a** big animal
큰 동물

다음 주어진 단어들을 알맞은 순서로 배열하세요.

1 house / an / old

➡ _____

2 hair / long / her

➡ _____

3 big / room / my

➡ _____

4 friends / old / some

➡ _____

5 tall / students / these

➡ _____

6 neighbors / good / our

➡ _____

▶ neighbor 이웃

 다음 주어진 형용사를 이용하여 우리말 주어에 알맞은 문장을 완성하세요.

tall   old   new   black   young   wooden   red   round   Korean

1 That horse runs fast.

➡ _____

저 검은 말은

2 The car is my father's.

➡ _____

그 검정색 새 자동차는

3 Your friends came yesterday.

➡ _____

너의 옛 친구들이

4 This apple looks delicious.

▶ delicious 맛있는

➡ _____

이 빨간 사과는

5 The table is new.

➡ _____

나무로 된 그 둥근 탁자는

6 Many singers are popular.

▶ popular 인기있는

➡ _____

많은 한국 가수들이

7 A man bought this car.

➡ _____

키가 큰 젊은 남자가

Practice ❶ 명사 주어로 뼈대 문장 만들기

주어(S)	+	동사(V)
A blue car		ran.
Three children		will come.

1 bird

그 새가 노래 불렀다.

➜ _____ _____ .
　　그 새가　　　　　　　　　　노래 불렀다

많은 새들이 노래 불렀다.

➜ _____ _____ .
　　많은 새들이　　　　　　　　노래 불렀다

2 deer ▸ deer는 단수와 복수의 모양이 같아요.

사슴 한 마리가 달렸다.

➜ _____ _____ .
　　사슴 한 마리가　　　　　　달렸다

사슴 세 마리가 달렸다.

➜ _____ _____ .
　　사슴 세 마리가　　　　　　달렸다

3 spring, season ▸ 계절 이름은 관사 없이 써요.

봄이 올 것이다.

➜ _____ _____ .
　　봄이　　　　　　　　올 것이다

새로운 계절이 올 것이다.

➜ _____ _____ .
　　새로운 계절이　　　　　　올 것이다

4 bus

버스 한 대가 도착했다.

➜ _____ _____ .
　　버스 한 대가　　　　　　　도착했다

노란 버스들이 도착했다.

➜ _____ _____ .
　　노란 버스들이　　　　　　도착했다

힌트

동사　sing (sang-sung), run (ran-run), come (came-come), arrive

주어(S)	+	동사(V)	+	보어(C)
Her sisters		looked		sad.
The soup		smells		good.

1 tail ▶ 그것의 : its, 그것들의 : their

그것의 꼬리는 길다.

➡ _____ .

　그것의 꼬리는　　　　～이다　　　　긴

그것들의 꼬리들은 길다.

➡ _____ .

　그것들의 꼬리들은　　　～이다　　　　긴

2 fish ▶ fish는 단수와 복수의 모양이 같아요.

이 생선은 안 좋은 냄새가 난다.

➡ _____ .

　이 생선은　　　　냄새가 난다　　　좋지 않은, 나쁜

이 생선들은 안 좋은 냄새가 난다.

➡ _____ .

　이 생선들은　　　　냄새가 난다　　　좋지 않은, 나쁜

3 pencil ▶ this + 단수 명사, these + 복수 명사

그 긴 연필은 내 것이다.

➡ _____ .

　그 긴 연필은　　　　～이다　　　　내 것

이 짧은 연필들은 내 것이다.

➡ _____ .

　이 짧은 연필들은　　　～이다　　　　내 것

4 cap

벤(Ben)의 빨간 모자가 멋져 보인다.

➡ _____ .

　벤의 빨간 모자가　　　～해 보인다　　　멋진

벤(Ben)의 새 모자들이 멋져 보인다.

➡ _____ .

　벤의 새 모자들이　　　～해 보인다　　　멋진

힌트

동사　is (was), are (were), look, smell
보어　mine, nice, bad, long

주어(S) + 동사(V) + 목적어(O)

This white sheep   eats   grass.
Every student   learned   English.

1 child

그 아이는 만화를 좋아한다. ➡ _____ _____ _____ .

    그 아이는   좋아한다   만화를

대부분의 아이들은 만화를 좋아한다. ➡ _____ _____ _____ .

    대부분의 아이들은   좋아한다   만화를

2 horse ▶ '모든'은 all로 표현해요.

이 말은 당근을 먹는다. ➡ _____ _____ _____ .

    이 말은   먹는다   당근들을

모든 말들은 당근을 먹는다. ➡ _____ _____ _____ .

    모든 말들은   먹는다   당근들을

3 friend ▶ '악기를 연주하다'는 〈play + the + 악기명〉으로 표현해요.

그의 친구는 피아노를 칠 것이다. ➡ _____ _____ _____ .

    그의 친구는   칠 것이다   피아노를

나의 친구들은 피아노를 칠 것이다. ➡ _____ _____ _____ .

    나의 친구들은   칠 것이다   피아노를

4 boy ▶ '몇몇'은 a few나 some으로 표현해요.

한 소년이 그 책을 읽었다. ➡ _____ _____ _____ .

    한 소년이   읽었다   그 책을

몇몇 소년들이 그 책을 읽었다. ➡ _____ _____ _____ .

    몇몇 소년들이   읽었다   그 책을

힌트

동사   play, eat (ate-eaten), like, read (read-read)
목적어 carrots, comics, piano, book

이동, 장소를 나타내는 살

to + 명사	at + 명사	in + 명사
to school 학교로(에)	**at** the airport 공항에서	**in** the kitchen 주방에서
to the party 파티로(에)	**at** her house 그녀의 집에서	**in** the box 상자 안에
to the bookstore 서점으로(에)	**at** the bus stop 버스 정류장에서	**in** London 런던에서

▶ at은 좁은 장소나 특정 지점을 나타내는 명사 앞에, in은 비교적 넓은 장소나 도시·나라를 나타내는 명사 앞에 써요.

Minji's sister goes [to school]

민지의 언니는 **학교에** 다닌다.

---

1 많은 친구들이 그 파티에 왔다.

➡ _____.

2 두 소녀가 학교로 걸어갔다.

➡ _____.

3 몇몇 학생들은 버스 정류장에서 기다렸다. (wait)

➡ _____.

4 그 유명한 가수가 공항에 도착할 것이다. (famous, arrive) ▶ 미래 시제를 나타낼 때는 동사 앞에 will을 써요.

➡ _____.

5 말 두 마리가 들판에서 달렸다. (field)

➡ _____.

6 그 큰 검은 고양이는 그 상자 안에서 산다.

➡ _____.

7 그녀의 오빠들은 서점에 갔다. (bookstore) ▸ go - went - gone

➡ _____.

8 우리 가족은 식당에서 저녁을 먹었다. (dinner, restaurant) ▸ have – had - had

➡ _____.

9 대부분의 학생들은 학교에서 점심을 먹는다. (lunch)

➡ _____.

10 데이비드(David)의 친구들은 체육관에서 농구를 했다. (play basketball, gym)

➡ _____.

때를 나타내는 살 I

at + 명사	on + 명사	in + 명사
at seven (o'clock) 7시에	**on** Monday 월요일에	**in** July 7월에
at noon 정오에	**on** March 5 3월 5일에	**in** the morning 아침에
at seven thirty 7시 30분에	**on** the weekend 주말에	**in** the summer 여름에
▸ 시각, 새벽, 정오, 밤 등 짧은 시간을 나타낼 때는 전치사 at을 써요.	**on** Christmas 성탄절에	**in** 1998 1998년에
	▸ 날짜, 요일, 특정일을 나타낼 때는 전치사 on을 써요.	▸ 오전, 오후, 달, 계절, 연도 등 비교적 긴 기간을 나타낼 때는 전치사 in을 써요.

This class is over ↘ at one o'clock .

이 수업은 **1시에** 끝난다.

11 너의 친구들이 정오에 올 것이다.

➡ _____ .

12 나무 상자 하나가 3월 5일에 도착할 것이다. (wooden)

➡ _____ .

13 그 젊은 가수가 일요일에 노래할 것이다. (young, Sunday)

➡ _____ .

14 그 미국인 가족은 1998년에 도착했다. (American, arrive)

➡ _____ .

15 여름에 많은 태풍이 온다. (storm)

➡ _____ .

16 그 기차는 9시 30분에 출발했다. (start)

➡ _____ .

17 그 버스는 일곱 시에 도착했다.

➡ _____ .

18 그 공원은 주말에 번잡해 보인다. (park, busy)

➡ _____ .

19 이 작은 마을은 주말에 한적하다. (town, quiet)

➡ _____ .

20 이번 여름 방학은 9월 1일에 끝날 것이다. (summer vacation, September)

➡ _____ .

21 그 푸른 잎들이 가을에는 붉게 변한다. (turn, fall) ▸ leaf의 복수형은 leaves

➡ _____ .

22 아침에는 공기가 차갑다. (air, cold)

➡ _____ .

23 저 큰 식당은 저녁에 바빠 보였다. (evening)

➡ _____ .

24 우리 형과 나는 3시에 야구를 했다. (play baseball)

➡ _____ .

25 몇몇 아이들은 주말에 중국어를 배운다. (learn, Chinese)

➡ _____ .

26 줄리(Julie)네 가족은 봄에 소풍을 갈 것이다. ▸ have a picnic 소풍 가다

➡ _____ .

27 민호(Minho)의 아버지는 12월에 새 차를 살 것이다. (buy, December)

➡ _____ .

28 한 부유한 여자가 수요일에 이 집을 샀다. (rich) ▸ buy-bought-bought

➡ _____ .

때를 나타내는 살 Ⅱ

before ~전에
before an exam 시험 전에
before lunch 점심 식사 전에
before a bath 목욕 전에

before dinner

during ~동안
during the weekend 주말 동안
during the class 수업 시간 동안
during this week 이번 주 동안

during dinner

after ~후에
after school 방과 후에
after eight 8시 이후에
after work 퇴근 후에

after dinner

Some children | are | busy ↘. [after school]

몇몇 아이들은 **방과 후에** 바쁘다.

---

29 대부분의 학생들은 시험 전에 긴장한다. (nervous, exam) ▸ exam은 셀 수 있는 명사예요.

➔ _____.

30 그의 발에서 그 수업 동안 나쁜 냄새가 났다. (bad) ▸ foot의 복수형은 feet

➔ _____.

31 이 식당들은 주말 동안 바빠 보였다. (restaurant)

➔ _____.

32 이 갈색 개는 목욕 전에 매우 더러웠다. (brown, dirty) ▸ bath는 셀 수 있는 명사예요.

➔ _____.

33 그 다섯 아이들은 그 경주 후에 배고픔을 느꼈다. (hungry, race)

➔ _____.

34 그들은 점심 식사 후에 졸렸다. (feel sleepy) ▶ 식사 이름 앞에는 a[an], the를 쓰지 않아요.

➡ _____ .

35 그 소녀들은 방과 후에 즐거웠다. (happy)

➡ _____ .

36 그의 할머니는 목욕 후에 기분이 상쾌했다. ▶ feel refreshed 기분이 상쾌하다

➡ _____ .

37 그 꽃가게는 그 축제 기간동안 문을 열 것이다. (flower shop, festival)

➡ _____ .

38 내 여동생은 아침 식사 전에 책을 읽는다. (books, breakfast)

➡ _____ .

39 그 아름다운 피아니스트는 파티 동안 피아노를 연주했다. (pianist) ▶ play + the + 악기명 : ~을 연주하다

➡ _____ .

40 그 세 명의 소녀들은 쇼핑 후에 아이스크림을 먹었다. (shopping)

➡ _____ .

41 저 키 큰 남자는 퇴근 후에 농구를 한다. (play basketball)

➡ _____ .

1 다음 두 문장이 같은 뜻이 되도록 빈칸에 알맞은 단어를 쓰시오.

My bag is upstairs.
= _____ is upstairs.

[2-3] 다음 그림을 보고 주어진 단어를 바르게 배열하시오.

2

makes, She, every, a, Thursday, cake

→ _____

3

dishes, Nobody, the, washed

→ _____

4 다음 밑줄 친 우리말을 영어로 쓰시오. (5단어)

What happened to Bob?
<u>그는 어젯밤에 놀란 듯 보였다.</u>

→ _____

[5-6] 주어진 단어를 이용하여 우리말을 영어로 바꾸시오.

5

이번 주에는 아무도 늦지 않았다. (late)

→ _____

6

어느 것이 너의 것이니? (which)

→ _____

7 주어진 단어를 이용하여 다음 문장을 다시 쓰시오.

The bag is expensive. (round, will)

→ _____

8 다음 우리말에 맞게 빈칸에 알맞은 말을 쓰시오.

벤(Ben)의 빨간 모자가 멋져 보인다.

→ _____ red cap _____ great.

9 다음 문장에서 어법상 어색한 부분을 찾아 바르게 고친 후, 문장을 다시 쓰시오.

> The young singer will sing at Sunday.

_____ → _____

: _____

10 다음 밑줄 친 우리말에 해당하는 영어 표현을 쓰시오.

1) 태풍은 <u>여름에</u> 온다.
→ Storms come _____.

2) 어떤 아이들은 <u>방과 후에</u> 바쁘다.
→ Some children are busy _____.

[11-12] 다음 문장을 주어진 단어를 이용하여 다시 쓰시오.

11
> A bus arrived. (three, yellow)

→ _____

12
> A man will stay here. (old)

→ _____

13 다음 우리말을 주어진 동사를 이용하여 영어로 쓰시오.

> 그 공원은 주말에 번잡해 보인다. (look)

→ _____

14 다음 우리말을 영어로 쓰시오. (6단어)

> 많은 친구들이 그 파티에 왔다.

→ _____

15 다음 그림과 내용이 일치하도록 빈칸에 공통으로 들어갈 단어를 쓰시오.

> It's Sunday morning. Jina is reading a book _____ her room. Her mother is cooking breakfast _____ the kitchen. Her father is cleaning the house.

→ _____

16 다음 우리말에 맞게 주어진 단어를 바르게 배열하시오.

> 대부분의 학생들은 학교에서 점심을 먹는다.
> (have, students, school, Most, at, lunch)

→ _____

PART **3**

There와
비인칭주어 It

1. There + be동사

1 '~이 있다, 있었다'와 같이 사물이나 사람의 존재를 나타낼 때는 'There+be동사' 구문을 이용해요. 주어 자리에 There라는 단어가 오지만, 문장에서 의미를 지니는 실제 주어는 be동사 뒤에 오게 됩니다.

There 해석X **is** ~있다

a dog

an apple

a party

There 해석X **was** ~있었다

some ice

some bread

a lot of work

There is a dog.(개가 한 마리 있다.)에서 실제 주어는 be동사 뒤의 a dog입니다.
따라서 동사는 실제 주어에 맞춰서 a dog이 단수이므로 is가 옵니다.

2 'There+be동사' 구문에서 실제 주어가 복수이면 be동사도 그에 맞춰서 are, were를 씁니다. 따라서 '버스가 세 대 있다'라고 할 때는 buses가 복수이므로 There are ~로 시작해야 하죠.

There 해석X **are** ~있다

two men

three buses

a few birds

There 해석X **were** ~있었다

some cookies

many books

tall trees

각 문장에 알맞은 be동사를 골라 동그라미 하세요.   ▶ 셀 수 없는 명사는 단수 취급합니다.

1   There (is / are) a big room.

2   There (is / are) two tall boys.

3   There (is / are) an airport.

4   There (is / are) some children.

5   There (is / are) many cups.

6   There (is / are) a few black cars.

7   There (is / are) some water.

8   There (is / are) a little soup.

9   There (is / are) no chance.

10 There (isn't / aren't) any monkeys.

11 There (is / are) a lot of rain.

12 There (is / are) a few chickens.

13 There (is / are) twenty-four hours.

14 There (is / are) some salt.

15 There (isn't / aren't) any cheese.

16 There (is / are) a lot of food.

 다음 우리말 주어를 알맞은 영어 표현으로 고쳐 문장을 완성하세요.

1   새 한 마리가 있다.   ⇒ There is _____.

2   (일주일에는) 7일이 있다.   ⇒ There are _____.

3   나무 한 그루가 있다.   ⇒ There is _____.

4   11명의 선수가 있다.   ⇒ There are _____.

5   대답이 없다. (no)   ⇒ There is _____.

6   꽃 몇 송이가 있다. (some)   ⇒ There are _____.

7   설탕이 많이 있다. (a lot of)   ⇒ There is _____.

8   많은 학생들이 있다. (many)   ⇒ There are _____.

 힌트

day, player, sugar, student, bird, answer, flower, tree

2. 비인칭주어 It

1 it이 주어 자리에 오지만 해석이 되지 않고 주어 자리를 지키는 기능적인 역할만 하는 경우가 있어요. 이때 it을 특별히 가리키는 것이 없는 주어라고 해서 비인칭주어라고 합니다.

2 비인칭주어 it은 주로 시간, 날씨, 거리, 날짜, 명암 등을 표현할 때 쓰여요. It is two o'clock.(2시다.), It is sunny.(날씨가 화창하다.)와 같이 it은 '그것'이라고 해석하지 않고, 뒤의 단어들만 해석합니다.

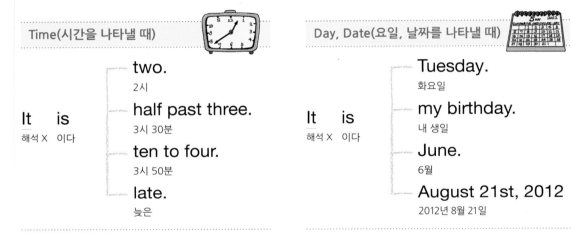

Time(시간을 나타낼 때)

It is
해석 X 이다

- two.
  2시
- half past three.
  3시 30분
- ten to four.
  3시 50분
- late.
  늦은

Day, Date(요일, 날짜를 나타낼 때)

It is
해석 X 이다

- Tuesday.
  화요일
- my birthday.
  내 생일
- June.
  6월
- August 21st, 2012
  2012년 8월 21일

▶ 시간과 날짜 표현하는 법을 익혀두세요.

2:00 two / two o'clock   3:30 three thirty / half past three
3:50 three fifty / ten to four   8월 21일 August 21 / August 21st. / the twenty-first of August

Distance(거리를 나타낼 때)

It is
해석 X 이다

- far.
  먼
- near.
  가까운
- three kilometers.
  3킬로미터
- five miles
  5마일

Weather, Season(날씨, 계절을 나타낼 때)

It is
해석 X 이다

- rainy.
  비가 오는
- dark.
  어두운
- sunny.
  화창한
- winter.
  겨울

▶ 비인칭주어 it이 '주어+일반동사' 구문에서도 쓰일 수 있어요.
ex) It rains.(비가 내린다.)   It is raining.(비가 내리고 있다.)

PRACTICE

 다음 우리말을 영어로 써 보세요. 두 가지 표현이 가능한 경우도 있어요.

Time	Day/Date	Distance	Weather/Season
1 5시	1 금요일	1 먼	1 추운
2 7시 20분	2 9월	2 가까운	2 바람이 부는
3 2시 30분	3 5월 1일	3 4킬로미터	3 구름이 낀
4 늦은	4 그녀의 생일	4 10마일	4 비가 오는

 다음 우리말을 알맞은 영어 표현으로 고쳐 문장을 완성하세요.

1 (지금은) 3시이다.　　　　　　　　⟶ It is _____.

2 (오늘은) 화요일이다.　　　　　　　⟶ It is _____.

3 (길이가) 5미터이다.　　　　　　　⟶ It is _____.

4 (날씨가) 덥다.　　　　　　　　　⟶ It is _____.

5 (어제는) Mike의 생일이었다.　　　⟶ It was _____.

6 (그날은) 10월 2일이었다.　　　　⟶ It was _____.

7 (날씨가) 화창했다.　　　　　　　⟶ It was _____.

8 (날씨가) 시원했다.　　　　　　　⟶ It was _____.

9 (날이) 어두웠다.　　　　　　　　⟶ It was _____.

Practice ① There + be동사 + 주어 뼈대 문장 만들기

There	+	be동사	+	주어(S)	is, was (주어가 단수이거나 셀 수 없는 명사일 때) are, were (주어가 복수 명사일 때) will be (미래 시제일 때)
There		is		a bird.	
There		was		some cheese.	

1 오렌지 한 개가 있다. → _____ .
있다 　　　 오렌지 한 개가

2 연필 네 자루가 있다. → _____ .
있다 　　　 연필 네 자루가

3 낡은 건물 한 채가 있었다. → _____ .
있었다 　　　 낡은 건물 한 채가

4 많은 사람들이 있었다. → _____ .
있었다 　　　 많은 사람들이

5 많은 음식이 있다. → _____ .
▶ food, snow, money는 셀 수 없는 명사이므로,
be동사도 단수 형태로 써요.
있다 　　　 많은 음식이

6 눈이 약간 있었다. → _____ .
있었다 　　　 약간의 눈이

7 아무것도 없었다. → _____ .
있었다 　　　 아무것도 (~않다)

8 돈이 약간 있다. → _____ .
있다 　　　 약간의 돈이

힌트

주어　people, building, orange, pencil, snow, nothing, food, money

It	+	be동사	+	보어(C)	→	is (현재일 때)
It		is		near.		was (과거일 때)
It		was		hot.		will be (미래일 때)

1 8시이다.
➡ _____ .
　　　　　　　　　　～이다　　　　8시

2 금요일이다.
➡ _____ .
　　　　　　　　　　～이다　　　　금요일

3 3시 30분이었어.
▶ 3시 30분: three thirty, half past three
➡ _____ .
　　　　　　　　　　～이었다　　　3시 30분

4 5월 1일이었어.
▶ 5월 1일 : May 1, May 1st, the first of May
➡ _____ .
　　　　　　　　　　～이었다　　　5월 1일

5 멀다.
➡ _____ .
　　　　　　　　　　～이다　　　　먼

6 춥다.
➡ _____ .
　　　　　　　　　　～이다　　　　추운

7 비가 올 거야.
➡ _____ .
　　　　　　　　　　～일 것이다　　비가 오는

8 겨울이다.
➡ _____ .
　　　　　　　　　　～이다　　　　겨울

힌트
보어　cold, rainy, winter, far, May, eight, Friday

장소나 위치를 나타내는 살 Ⅰ

at	on	in
at the bus stop 버스 정류장에서	**on** the wall 벽에	**in** the room 그 방에서
at the theater 극장에서	**on** the table 탁자에	**in** this garden 이 정원에서
at the party 파티에서	**on** the second floor 2층에	**in** a year 일년에

There	is	a Chinese restaurant	↘.	on the second floor

2층에 중식당이 하나 있다.

---

1 문에 누군가 있다. (somebody, the door)

→ _____ .

2 그 파티에 많은 사람들이 있었다. (many)

→ _____ .

3 버스 정류장에 몇몇 아이들이 있을 것이다. (some children)

→ _____ .

4 그의 집에는 개가 세 마리 있다. (his house)

→ _____ .

5 천장에 파리 두 마리가 있다. (fly, ceiling)

→ _____

6 벽에는 아무것도 없었다. (nothing)

→ _____.

7 탁자 위에 많은 접시들이 있었다. (dish, table)

→ _____.

8 바닥에 물이 약간 있었다. (some, floor)

→ _____.

9 도로에 자동차가 많지 않다. (many, road)

→ _____.

10 내 가방 안에 뭔가 있다. (something)

→ _____.

11 한 주에는 7일이 있다. (한 주는 7일이다.) (days, week)

→ _____.

12 일 년에는 12달이 있다. (1년은 12개월이다.) (months, year)

→ _____.

13 상자 안에 작은 개 한마리가 있었다. (little dog)

→ _____.

14 이 방은 춥다. (cold)

➡ _____ .

15 내 방 안은 어두웠다. (dark, my room)

➡ _____ .

16 여기 안은 밝다. (bright, here)

➡ _____ .

장소나 위치를 나타내는 살 Ⅱ

<table>
<tr><td colspan="2">in front of ~앞에</td><td colspan="2">behind ~뒤에</td></tr>
<tr><td>in front of the door 문 앞에</td><td></td><td>behind this store 이 가게 뒤에</td><td></td></tr>
<tr><td>in front of this building 이 건물 앞에</td><td></td><td>behind this box 이 상자 뒤에</td><td></td></tr>
<tr><td>in front of the house 그 집 앞에</td><td></td><td>behind me 내 뒤에</td><td></td></tr>
</table>

There | was | a long line . behind us

우리 **뒤에** 긴 줄이 있었다.

---

17 집 앞에 키 큰 나무 한 그루가 있다. (tall tree)

➡ _____

18 문 앞에 자전거 두 대가 있다. (bicycle)

➡ _____

19 이 건물 앞에 큰 트럭 한 대가 있었다. (big truck, building)

→ _____.

20 내 뒤에 누군가 있다. (someone) ▶ 전치사 뒤에는 인칭대명사의 목적격 (me, you, her, him, it, us, them)이 와요.

→ _____.

21 우리 집 앞에 멋진 차 한 대가 있었다. (nice car)

→ _____.

22 그 커튼 뒤에 그림자가 있었다. (shadow, curtain)

→ _____.

23 그 학교 뒤에 나무가 몇 그루 있다. (a few)

→ _____.

24 집 뒤에 아이들이 몇 명 있다.

→ _____.

25 커다란 창문 앞에 한 남자가 있다. (a big window)

→ _____.

26 식당 앞에 많은 사람들이 있었다. (many)

→ _____.

27 그 문 앞에 키 큰 소년 한 명이 있다.

→ _____.

from ~ to ... ~에서 ···까지

from here **to** the airport 여기에서 공항까지
from here **to** Seoul 여기에서 서울까지
from the hotel **to** the beach 그 호텔에서 해변까지

It | is | far √. [from here to Seoul]

여기에서 서울까지는 멀다.

---

28 여기에서 공항까지는 3킬로미터이다. ▶ 1킬로미터 : 1 kilometer, 3킬로미터 : 3 kilometers

→ _____ .

29 여기에서 나의 학교까지는 100미터이다.

→ _____ .

30 해변에서 그 호텔까지는 5분 거리다.

→ _____ .

31 부산에서 서울까지는 멀다. ▶ 도시나 국가 이름 앞에는 a[an]나 the를 쓰지 않아요.

→ _____ .

32 그 호텔에서 해변까지 600미터였다.

→ _____

33 여기에서 우리 집까지는 10분 거리다.

→ _____ .

때를 나타내는 살

now 지금　　　　　today 오늘　　　　　tomorrow 내일
yesterday 어제　　　for winter 겨울 (날씨)치고는　　　for summer 여름 (날씨)치고는

It　was　my mother's birthday ↙. yesterday
어제는 어머니의 생신이었다.

34 지금은 10시 20분이다. (twenty, past, ten)

→ _____.

35 지금은 9시 30분이다. (thirty)

→ _____.

36 오늘은 금요일이다. (Friday)

→ _____.

37 오늘은 토요일이다. (Saturday)

→ _____.

38 내일은 9월 5일이다. (September)

→ _____.

39 어제는 내 생일이었다. (birthday)

→ _____.

40 어제는 화창했다. (sunny)

➜ _____.

41 오늘은 흐릴 것이다. (cloudy)

➜ _____.

42 내일은 바람이 불 것이다. (windy)

➜ _____.

43 봄 날씨치고는 춥다.

➜ _____.

44 여름 날씨치고는 시원할 것이다.

➜ _____.

45 가을 날씨치고는 덥다. (autumn)

➜ _____.

46 겨울 날씨치고는 포근했다. (warm)

➜ _____.

47 봄 날씨치고는 무척 따뜻했다. (spring)

➜ _____.

PART 4

동명사 주어와
가주어 It

1. 동명사 주어

1 동명사는 동사 끝에 -ing를 붙인 형태입니다. 동사에 -ing를 붙임으로써 명사 역할을 하게 만든 것이죠. 따라서 동명사도 당당히 주어 자리에 올 수 있습니다. 동명사는 '~하기' 또는 '~하는 것'이라고 해석해요. 동사와 어떤 점이 다른지 비교해 봅시다.

> 문장에서 동명사 주어는 단수 취급해요.

동사 문장에서 동사 역할을 한다. '~하다'의 뜻

동명사 문장에서 주어, 목적어, 보어 역할을 한다. '~하기, ~하는 것'의 뜻

동사
I **swim** every day.
나는 매일 **수영한다.**

동명사
Swimming is fun.
수영하는 것은 재미있다.

2 동사에 -ing를 붙이는 여러 가지 방법을 알아봅시다.

대부분의 동사는 뒤에 -ing를 붙인다.

study + ing → studying
공부하다   공부하기

cook + ing → cooking
요리하다   요리하기

sing + ing → singing
노래하다   노래하기

work + ing → working
일하다   일하기

-e로 끝나는 동사는 e를 생략하고 -ing를 붙인다.

arrive + ing → arriving
도착하다   도착하기

live + ing → living
살다   살기

단모음과 단자음으로 끝나는 동사는 자음을 반복한 후 -ing를 붙인다.

swim + ing → swimming
수영하다   수영하기

run + ing → running
달리다   달리기

stop + ing → stopping
멈추다   멈추기

beg + ing → begging
구걸하다   구걸하기

A 다음 동사로 동명사를 만들어 보세요. 그리고 그 뜻도 써 보세요.

1 meet ➜ _____ ( ) 7 cook ➜ _____ ( )

2 fly ➜ _____ ( ) 8 help ➜ _____ ( )

3 solve ➜ _____ ( ) 9 read ➜ _____ ( )

4 run ➜ _____ ( ) 10 learn ➜ _____ ( )

5 travel ➜ _____ ( ) 11 swim ➜ _____ ( )

6 win ➜ _____ ( ) 12 choose ➜ _____ ( )

B 다음 우리말 주어를 알맞은 영어 표현으로 고쳐 문장을 완성하세요.

1 독서(읽기)는 is my hobby. ➜ _____

2 수영하기는 is easy. ➜ _____

3 이기는 것은 is not everything. ➜ _____

4 선택하기는 is hard. ➜ _____

5 요리하기는 was terrible. ➜ _____

6 돕는 것은 was important. ➜ _____

7 여행하는 것은 was a great pleasure. ➜ _____

8 나는 것은 was his dream. ➜ _____

2. It ~ to 부정사

1 to 부정사는 동사 앞에 to를 붙인 형태입니다. to 부정사는 다양한 역할을 하는데, 그 중에서도 명사 역할을 하여 주어, 목적어, 보어로 쓰일 수 있어요. 이때는 '~하기' 또는 '~하는 것'으로 해석됩니다.

to 부정사 (to 뒤에는 동사원형)	전치사 to (to 뒤에는 명사나 대명사)
to go 가기, 가는 것	**to school** 학교로
to sing 노래하기, 노래하는 것	**to Africa** 아프리카까지
to work 일하기, 일하는 것	**to him** 그에게

> 요즘에는 주어 자리에 to 부정사를 잘 쓰지 않고 동명사로 표현하거나, 가주어 it을 쓰고 to 부정사를 뒤로 보내는 경향이 많아요.

2 to 부정사를 주어로 쓸 때, 앞의 주어 자리에는 가주어 it을 쓰고 진주어인 to 부정사는 동사와 보어 뒤에 씁니다. 이때 가주어 it은 아무런 뜻을 지니지 않아요. 마찬가지로, 동명사 주어의 길이가 길어질 때는 'It ~ to 부정사' 구문으로 바꿔 쓸 수 있어요.

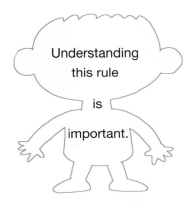

> to 부정사에 쓰이는 to는 '~로, ~까지'란 뜻의 전치사가 아니에요. 아무런 뜻 없이 to 부정사임을 표시해 주죠.

Understanding this rule is **important** . 이 규칙을 이해하는 것은 중요하다.
　　　　　　주어

→ **It** **is** **important** **to understand this rule** .
가주어　　　　　　　　진주어 (이 규칙을 이해하는 것)

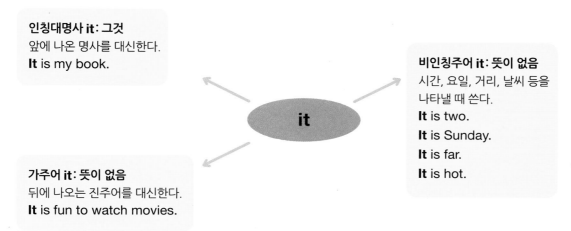

3 주어 자리에 오는 it은 여러 가지 역할을 해요. 앞에서 배운 it의 역할들을 정리해 봅시다.

인칭대명사 it: 그것
앞에 나온 명사를 대신한다.
It is my book.

비인칭주어 it: 뜻이 없음
시간, 요일, 거리, 날씨 등을
나타낼 때 쓴다.
It is two.
It is Sunday.
It is far.
It is hot.

가주어 it: 뜻이 없음
뒤에 나오는 진주어를 대신한다.
It is fun to watch movies.

PRACTICE

 다음 우리말 표현에 알맞은 동사를 찾아 to 부정사를 완성하세요.

| use | ski | skate | make | sleep | understand |
| be | eat | believe | walk | climb | work |

1 to _____
스키 타기

2 to _____
스케이트 타기

3 to _____
이용하기

4 to _____
만들기

5 to _____
걷기

6 to _____
믿기

7 to _____
일하기

8 to _____
등반하기

9 to _____
이해하는 것

10 to _____
~이기

11 to _____
자는 것

12 to _____
먹는 것

B 다음 우리말 주어를 to 부정사의 형태로 고쳐 문장을 완성하세요.

1   It was good 스키 타는 것은.   →   _____

2   It is good 걷기는.   →   _____

3   It was important 자는 것은.   →   _____

4   It was interesting 등반하는 것은.   →   _____

5   It is hard 일하기는.   →   _____

6   It is his dream 이기는 것은.   →   _____

7   It is dangerous 믿는 것은.   →   _____

C 다음 두 문장의 뜻이 같아지도록 빈칸에 알맞은 단어를 쓰고, 각 문장의 주어를 해석하세요.

1   Learning English is hard.

= _____ is hard _____ _____ English.

2   Walking at night is dangerous.

= _____ is dangerous _____ _____ at night.

3   Being healthy is important.

= _____ is important _____ _____ healthy.

4   Reading the book is boring.

= _____ is boring _____ _____ the book.

5   Meeting you again is nice.

= _____ is nice _____ _____ you again.

다음 주어진 표현을 활용하여 우리말 주어를 동명사 주어와 It ~ to 부정사 구문으로 고쳐 써 보세요.

play baseball   win the game   run in the morning
make a ship   meet him   swim in the sea

1 ① 바다에서 수영하는 것은 is interesting. →＿＿＿＿＿＿＿＿＿＿＿＿ .

② It is interesting 바다에서 수영하는 것은. →＿＿＿＿＿＿＿＿＿＿＿＿ .

2 ① 아침에 뛰는 것은 is good. →＿＿＿＿＿＿＿＿＿＿＿＿ .

② It is good 아침에 뛰는 것은. →＿＿＿＿＿＿＿＿＿＿＿＿ .

3 ① 그 경기를 이기는 것은 is hard. →＿＿＿＿＿＿＿＿＿＿＿＿ .

② It is hard 그 경기를 이기는 것은. →＿＿＿＿＿＿＿＿＿＿＿＿ .

4 ① 야구를 하는 것은 is exciting. →＿＿＿＿＿＿＿＿＿＿＿＿ .

② It is exciting to 야구를 하는 것은. →＿＿＿＿＿＿＿＿＿＿＿＿ .

5 ① 배를 만드는 것은 isn't easy. →＿＿＿＿＿＿＿＿＿＿＿＿ .

② It isn't easy 배를 만드는 것은. →＿＿＿＿＿＿＿＿＿＿＿＿ .

6 ① 그를 만나는 것은 is impossible. →＿＿＿＿＿＿＿＿＿＿＿＿ .

② It is impossible 그를 만나는 것은. →＿＿＿＿＿＿＿＿＿＿＿＿ .

Practice ① 동명사 주어로 뼈대 문장 만들기

동명사 (동사+-ing)	주어(S)	+	be동사	+	보어(C)
	Swimming		is		my hobby.
	Skating		was		fun.

1 여행하는 것은 그의 직업이다. ➡ _____ .
여행하는 것은   ~이다   그의 직업

2 달리기는 재미있었다. ➡ _____ .
달리기는   ~이었다   재미있는

3 걷는 것이 좋다. ➡ _____ .
걷는 것이   ~이다   좋은

4 스키 타는 것은 신날 것이다. ➡ _____ .
스키 타는 것은   ~일 것이다   신나는

5 스케이트 타기는 그의 삶이었다. ➡ _____ .
스케이트 타기는   ~이었다   그의 삶

6 믿는 것이 중요하다. ➡ _____ .
믿는 것이   ~이다   중요한

7 가수가 되는 것이 그의 꿈이다. ➡ _____ .
▶ a singer 가수
가수가 되는 것이   ~이다   그의 꿈

8 피자 만들기는 어렵다. ➡ _____ .
피자 만들기는   ~이다   어려운

힌트

주어   make, walk, stake, believe, ski, travel, run, be
보어   difficult, dream, life, important, exciting, job, good, fun

가주어	+	be동사	+	보어(C)	+	진주어
It		is		fun		to swim.

(= Swimming is fun.)

to +
동사원형

1 좋은 음식을 먹는 것은 즐거움이었다.

동명사 주어 _____ .
　　　　좋은 음식을 먹는 것은　　　　　　　　~이었다　　　　즐거움

가주어 it _____ .

2 그 산을 오르는 것은 쉬웠다.

동명사 주어 _____ .
　　　　그 산을 오르는 것은　　　　　　　　~이었다　　　　쉬운

가주어 it _____ .

3 그 규칙을 이해하는 것은 어렵다.

동명사 주어 _____ .
　　　　그 규칙을 이해하는 것은　　　　　　　~이다　　　　어려운

가주어 it _____ .

4 배 만들기는 흥미진진할 것이다.

동명사 주어 _____ .
　　　　배를 만드는 것은　　　　　　　　~일 것이다　　　　흥미진진한

가주어 it _____ .

힌트

주어　understand the rule, climb the mountain, make a boat, eat good food
보어　easy, exciting, a pleasure, hard

5 다른 사람들을 돕는 것은 멋지다.

동명사 주어 _____ .
　　　　　다른 사람들을 돕는 것은　　　　　　　　　～이다　　　　　멋진, 근사한

가주어 it _____ .

6 공을 치는 것은 어려웠다.

동명사 주어 _____ .
　　　　　공을 치는 것은　　　　　　　　　　　　～이었다　　　　　어려운

가주어 it _____ .

7 연기자가 되는 것이 그녀의 꿈이다. ▶ 여자 연기자 : an actress, 남자 연기자 : an actor

동명사 주어 _____ .
　　　　　연기자가 되는 것은　　　　　　　　　　～이다　　　　　그녀의 꿈

가주어 it _____ .

8 그 배우를 만나는 것은 불가능했다.

동명사 주어 _____ .
　　　　　그 배우를 만나는 것은　　　　　　　　～이었다　　　　　불가능한

가주어 it _____ .

9 수영은 좋은 운동이다.

동명사 주어 _____ .
　　　　　수영하는 것은　　　　～이다　　　　좋은 운동

가주어 it _____ .

힌트

주어　meet the actor, swim, help others, be an actress, hit a ball
보어　nice, difficult, impossible, dream, exercise

부사(구)로 살 붙이기

함께 먹는 것
eating **together**
to eat **together**

빨리 달리는 것
running **fast**
to run **fast**

정확히 이해하는 것
understanding **exactly**
to understand **exactly**

규칙적으로 자는 것
sleeping **regularly**
to sleep **regularly**

매번 이기는 것
winning **every time**
to win **every time**

매일 운동하는 것
exercising **every day**
to exercise **every day**

Walking ↓ every day is good exercise .
= It is good exercise to walk every day .
매일 걷는 것은 좋은 운동이다.

---

1 매일 아침 걷는 것은 좋다.

동명사 주어 _____ .
매일 아침 걷는 것은   ~이다   좋은

가주어 it _____ .

---

2 숙제를 빨리 끝내기는 힘들다. (finish, quickly, hard)

동명사 주어 _____ .
숙제를 빨리 끝내는 것은   ~이다   힘든, 어려운

가주어 it _____ .

---

3 함께 먹는 것은 즐거움이었다. (together, a pleasure)

동명사 주어 _____ .
함께 먹는 것은   ~이었다   즐거움

가주어 it _____ .

4 그 규칙을 정확히 이해하기는 어려웠다. (the rule, exactly, difficult)

동명사 주어 _____ .
　　　　　그 규칙을 정확히 이해하는 것은　　　　　～이었다　　　　어려운

가주어 it _____ .

5 매일 샤워하는 것이 좋다. (take a shower)

동명사 주어 _____ .
　　　　　매일 샤워하는 것은　　　　　～이다　　　　좋은

가주어 it _____ .

6 주말마다 스케이트를 타는 것은 그녀의 취미이다. (skate, hobby)

동명사 주어 _____ .
　　　　　주말마다 스케이트 타는 것은　　　　　～이다　　　　그녀의 취미

가주어 it _____ .

7 규칙적으로 자는 것은 좋다. (regularly, good)

동명사 주어 _____ .
　　　　　규칙적으로 자는 것은　　　　　～이다　　　　좋은

가주어 it _____ .

8 경기를 매번 이기기는 어려웠다. (games, difficult)

동명사 주어 _____ .
　　　　　그 경기를 매번 이기는 것은　　　　　～이었다　　　　어려운

가주어 it _____ .

9 함께 스키를 타는 것은 신날 것이다. (exciting)

동명사 주어 _____ .
　　　　　함께 스키를 타는 것은　　　　　～일 것이다　　　　신나는

가주어 it _____ .

전치사구로 살 붙이기

세계를 여행하기
traveling **around the world**
to travel **around the world**

빗속에서 달리기
running **in the rain**
to run **in the rain**

방과 후에 책 읽기
reading books **after school**
to read books **after school**

친구들과 축구하기
playing soccer **with friends**
to play soccer **with friends**

얇은 얼음에서 스케이트 타기
skating **on thin ice**
to skate **on thin ice**

집에서 TV 시청하기
watching TV **at home**
to watch TV **at home**

Reading books ↙ after school is my hobby .

= It is my hobby to read books after school .

방과 후에 책을 읽는 것이 내 취미이다.

---

10 친구들과 축구하는 것은 재미있다. (play soccer, fun)

동명사 주어 _____ .
　　　　　친구들과 축구하는 것은　　　　　　　　　　~이다　　　　　　　재미있는

가주어 it _____ .

11 세계를 여행하는 것이 그의 직업이다. (around the world, job)

동명사 주어 _____ .
　　　　　세계를 여행하는 것은　　　　　　　　　　~이다　　　　　　　그의 직업

가주어 it _____ .

12 집에서 TV 보는 것은 재미있었다. (watch TV)

동명사 주어 _____ .
　　　　　집에서 TV 보는 것은　　　　　　　　　~이었다　　　　　재미있는

가주어 it _____ .

13 식사 전에 손을 씻는 것이 중요하다. (before meals, important)

동명사 주어 _____ .
　　　　식사 전에 손을 씻는 것은　　　　　　～이다　　　중요한

가주어 it _____ .

14 너의 도움 없이 이것을 끝내기는 어렵다. (without your help, hard)

동명사 주어 _____ .
　　　　너의 도움없이 이것을 끝내는 것은　　　　～이다　　　어려운

가주어 it _____ .

15 빗속에서 달리는 것이 신났다. (in the rain, exciting)

동명사 주어 _____ .
　　　　빗속에서 달리는 것은　　　　　　～이었다　　　신나는

가주어 it _____ .

16 얇은 얼음 위에서 스케이트를 타는 것은 위험하다. (on thin ice, dangerous)

동명사 주어 _____ .
　　　　얇은 얼음 위에서 스케이트를 타는 것은　　～이다　　위험한

가주어 it _____ .

17 블록으로 배를 만드는 것은 흥미진진할 것이다. (a ship, with blocks, exciting)

동명사 주어 _____ .
　　　　블록으로 배를 만드는 것은　　　　～일 것이다　흥미진진한

가주어 it _____ .

18 파티에서 춤을 추는 것은 즐겁다. (fun)

동명사 주어 _____ .
　　　　파티에서 춤을 추는 것은　　　　～이다　　　즐거운

가주어 it _____ .

PART **5**

주어의 생략

1. 명령문

1 명령문은 상대방에게 지시, 경고, 요청, 충고를 할 때 쓰는 표현입니다. 명령문에서는 주어를 생략하기 때문에 동사가 문장 맨 앞에 옵니다. 이때 동사는 원형으로 쓰고 첫 글자는 대문자로 써야 해요. 짧은 문장의 경우, 동사 하나만으로도 명령문이 완성될 수 있어요.

Go!	**Run!**	**Come in.**	**Jump!**
가라!	달려라!	들어와.	뛰어!

2 be동사가 들어가는 명령문을 쓸 때는 동사형에 주의해야 해요. 생략된 주어가 You라고 해서 are를 쓰는 것이 아니라, 동사원형인 be를 써야 해요.

Be careful!	**Be quiet!**	**Be a good girl.**
조심해라!	조용히 해라!	착한 아이가 되거라.

3 '~하지 마', '절대 ~하면 안돼'라는 부정의 의미를 가진 명령문을 만들 때는 동사원형 앞에 Don't나 Never를 붙입니다.

Don't go!
가지 마!

Don't be sad!
슬퍼하지 마!

Never run!
절대 뛰지 마!

4 좀 더 공손하게 '~해 주세요'라고 부탁의 의미로 말할 때는 please를 명령문 앞이나 뒤에 붙입니다. please에 '제발'의 의미가 있지만 그대로 해석할 필요는 없어요.

Please sit down!	**Don't go, please.**
앉아 주세요!	가지 마세요.

다음 각 동사를 명령문 형태로 고쳐 써 보세요.

1 eat

① _____ them.
그것들을 먹어라.

② _____ them.
그것들을 먹지 마라.

2 move

① _____ !
움직여라!

② _____ !
절대 움직이지 마라!

3 stand

① _____ up!
서 있어라!

② _____ up!
서 있지 마라!

4 hurry

① _____ up!
서둘러라!

② _____ up!
서두르지 마라!

5 open

① _____ it.
그것을 열어라.

② _____ it.
절대 그것을 열지 마라.

6 is /are

① _____ happy!
행복해라!

② _____ angry!
화내지 마라!

7 tidy

① _____ up.
정돈해라.

② _____ up.
정돈하지 마라.

8 stay

① _____ !
머물러라[가만히 있어라] !

② _____ !
절대 머물지 마라!

9 wash

① _____ them.
그것들을 씻어라.

② _____ them.
그것들을 씻지 마라.

2. Let's 청유문과 Let 간접명령문

1 상대방에게 '~하자, ~합시다'라고 부드럽게 제안할 수도 있어요. 이런 경우에는 **Let's**를 사용합니다. 'Let's＋동사원형'의 형태로 '~하자'하고 제안하거나 권유할 수 있어요.

Let's start! 시작하자!   **Let's swim!** 수영하자!

Let's be honest. 정직하자.   **Let's be friends.** 친구가 되자.

2 '~하지 말자, ~하지 맙시다'라는 부정의 의미로 말할 때는 **Let's** 뒤에 **not**을 붙입니다. 이때도 **Let's** 뒤에 오는 동사는 원형으로 써야 해요.

Let's ＋ **not** ＋ **동사원형**

Let's not swim. 수영하지 말자.

Let's not go! 가지 말자!

Let's not be late! 지각하지 말자!

3 Let과 Let's로 시작하는 문장을 혼동하지 않도록 주의하세요. 'Let's＋동사원형'은 상대방에게 '함께 ~하자'하고 제안하는 명령문이에요. 그러나 'Let＋목적어＋동사원형'은 '~가 …하도록 해 달라'라고 상대방에게 허락을 구하거나 요청하는 의미예요.

> let은 '…하게 해주다, ~에게 …시키다'라는 의미의 동사예요.

Let's go! 가자!	**Let her go!** 그녀가 가게 해줘!
Let's make a snowman! 눈사람을 만들자!	**Let us make a snowman!** 우리가 눈사람을 만들게 해줘!
Let's eat the cake. 케이크를 먹자.	**Let me eat the cake.** 내가 케이크를 먹게 해줘.(= 내가 케이크를 먹을게.)

다음 각 동사를 이용하여 Let's 청유문과 Let 간접명령문을 완성해 보세요.

1 start

① _____.
시작하자.

② _____.
(내가) 시작하게 해줘. / 시작할게요.

2 wait

① _____.
기다리자.

② _____.
(내가) 기다리게 해줘. / 기다릴게요.

3 run

① _____!
뛰지 말자!

② _____!
(내가) 뛰게 해줘! / 뛸게요!

4 sing

① _____.
노래하자.

② _____.
그녀가 노래하게 해줘.

5 find

① _____ it!
그것을 찾아보자!

② Don't _____ it!
그녀가 그것을 찾게 두지 마!

6 help

① _____ them!
그들을 돕자!

② _____ them!
그가 그들을 돕게 해줘!

7 talk

① _____.
말하지 말자.

② Don't _____.
그가 말하게 하지 마.

8 stop

① _____.
그만하자.

② _____.
그가 그만두게 해라.

9 meet

① _____ her!
그녀를 만나자!

② _____ her!
그들이 그녀를 만나게 둬라!

Practice ① 명령문의 뼈대 문장 만들기

동사원형으로 써요.
부정의 의미로 만들 때는 동사
앞에 Don't나 Never를 써요.

동사(V) + 목적어(O) / 보어(C)

Help me!
Don't be late.

1 걸어라.

→ _____ .

2 시작해.

→ _____ .

3 뛰지 마라.

→ _____ .

4 기다리지 마.

→ _____ .

5 걱정하지 마.

→ _____ .

6 절대로 움직이지 마라.

→ _____ .

7 절대로 멈추지 마.

→ _____ .

8 절대로 숨지 마.

→ _____ .

9 친절해라.

→ _____ .

10 주의해라.

→ _____ .

11 조용히 해.

→ _____ .

12 화내지 마라.

→ _____ .

13 슬퍼하지 마.

→ _____ .

14 문을 열어라.

→ _____ .

15 이것을 먹어라.

→ _____ .

16 절대 긴장하지 마.

→ _____ .

17 놀라지 마.

→ _____ .

18 절대 두려워하지 마라.

→ _____ .

19 네 방을 정돈해라.

→ _____ .

20 나를 잊지 마.

→ _____ .

21 아무나 만나지 마.

→ _____ .

힌트

동사 start, walk, move, stop, run, worry, wait, be, open, forget, tidy, meet, eat, hide
보어 careful, quiet, angry, sad, surprised, kind, afraid, nervous
목적어 door, this, room, anyone, me

Practice ❷ Let's 청유문의 뼈대 문장 만들기

부정의 의미일 때는
Let's 뒤에 not을 써요.

Let's + **동사원형** + **목적어(O)** / **보어(C)**

| Let's | eat | something. |
| Let's | not be | late! |

1 걷자.
→ _____.

2 뛰자.
→ _____.

3 숨자.
→ _____.

4 이야기하자.
→ _____.

5 기다리지 말자.
→ _____.

6 움직이지 말자.
→ _____.

7 멈추지 말자.
→ _____.

8 가지 말자.
→ _____.

9 친절해지자.
→ _____.

10 주의하자.
→ _____.

11 조용히 하자.
→ _____.

12 정직하자.
→ _____.

13 게으르지 말자.
→ _____.

14 긴장하지 말자.
→ _____.

15 이것을 먹자.
→ _____.

16 문을 열자.
→ _____.

17 화내지 말자.
→ _____.

18 그 말을 잊자.
→ _____.

19 네 방을 청소하자.
→ _____.

20 그 페이지는 공부하지 말자.
→ _____.

21 진실을 감추지 말자.
→ _____.

힌트

동사 walk, wait, go, move, stop, run, hide, talk, be, open, forget, clean, study, eat
보어 careful, quiet, angry, kind, honest, lazy, nervous
목적어 the truth, this, the door, the page, the word, room

부정의 의미로
만들때는 Let 앞에
Don't를 써요.

Let + **목적어(O)** + **목적격 보어**　동사원형으로 써요.

Let　me　go.
Don't let　her　open the window.

---

1 내가 노래할게[노래하게 해줘].

➜ _____ .

2 내가 춤출게[춤추게 해줘].

➜ _____ .

3 내가 생각해 볼게[생각해 보게 해줘].

➜ _____ .

4 내가 맞혀 볼게[맞혀 보게 해줘].

➜ _____ .

5 그녀가 가게 해줘.

➜ _____ .

6 그가 일하게 둬라.

➜ _____ .

7 그가 기다리게 둬라.

➜ _____ .

8 그들이 알게 하지 마.

➜ _____ .

9 그들이 말하게 하지 마.

➜ _____ .

10 제가 질문할게요.

➜ _____ .

11 그를 클럽에 가입시켜줘요.

➜ _____ .

12 그가 너를 돕게 둬라.

➜ _____ .

13 그녀가 그 일을 하게 둬라.

➜ _____ .

14 그녀가 네 손을 잡게 둬라.

➜ _____ .

15 그가 이것을 하게 두지 마.

➜ _____ .

16 그들이 너를 괴롭히게 두지 마.

➜ _____ .

힌트

목적어　me, him, her, them
목적격 보어　dance, guess, go, talk, know, work, think, wait, sing, ask, do, hold, join, help, bother

다양한 부사로 살 붙이기

시간 부사	장소 부사	태도 부사
now 지금	home 집에, 집으로	slowly 천천히
early 일찍	back 다시, 돌아가서	hard 열심히
late 늦게	here 여기에	quietly 조용히
later 나중에	there 거기에	quickly 빨리
soon 곧	upstairs 위층으로	alone 혼자
tonight 오늘 밤에	downstairs 아래층으로	carefully 조심스럽게

Come ↓. [early]
일찍 와라.

Let me go ↓. [alone]
혼자 가게 해줘.

Let's go ↓. [home]
집으로 가자.

Let him go ↓. [there]
그가 **거기에** 가게 둬라.

---

1 지금 멈춰라.

→ _____.

2 천천히 걸어라.

→ _____.

3 늦게 오지 마라.

→ _____.

4 여기에서 먹지 말아라.

→ _____

5   위층으로 올라가라.

→ _____ .

6   거기에서 행복해라.

→ _____ .

7   조심스럽게 문을 닫아라.

→ _____ .

8   이 책을 열심히 공부해라.

→ _____ .

9   빨리 손을 씻어라.   ▶ 손을 your hand라고만 표현하면 한 손만 씻는 경우가 됩니다.

→ _____ .

10   함께 놀자. (together)

→ _____ .

11   조용히 이야기하자.

→ _____ .

12   여기에서는 조용히 하자.

→ _____ .

13   급하게 저녁을 먹지 말자. (have, dinner)

→ _____ .

14 내가 나중에 널 도와주게 해줘.

➡ _____ .

15 그녀가 혼자 놀게 둬라.

➡ _____ .

16 에이미(Amy)가 지금 시작하게 해.

➡ _____ .

접속사 and, or로 살 붙이기

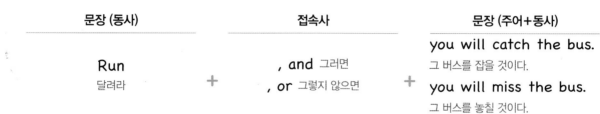

문장 (동사)	접속사	문장 (주어+동사)
Run 달려라	+ , and 그러면 , or 그렇지 않으면 +	you will catch the bus. 그 버스를 잡을 것이다. you will miss the bus. 그 버스를 놓칠 것이다.

Do your homework ⌄ , and + ⌄ you can watch TV .

숙제를 해라, **그러면 너는 TV를 볼 수 있다.**

Help him ⌄ , or + ⌄ he won't help you later .

그를 도와라, **그렇지 않으면 나중에 그가 너를 돕지 않을 것이다.**

17 열심히 공부해라, 그러면 너는 그 시험에 합격할 거야. (pass, exam)

➡ _____ .

18 지금 떠나라, 그러면 너는 그를 만나게 될 거야. (leave, meet)

➡ _____ .

19 화내지 마라, 그렇지 않으면 너는 그것을 후회하게 될 것이다. (angry, regret)

➡ _____ .

20 네 방을 청소해라, 그러면 너는 TV를 볼 수 있다. (clean, watch)

➡ _____ .

21 일찍 와, 그렇지 않으면 너는 그 버스를 놓칠 거야. (early, miss)

➡ _____ .

22 빨리 달려라, 그러면 너는 그 버스를 잡을 수 있을 것이다. (quickly, catch)

➡ _____ .

23 게으름 피우지 마라, 그렇지 않으면 너는 그 시험에 실패할 것이다. (lazy, fail)

➡ _____ .

중학교 시험에 나오는 서술형 주관식 평가 ②

1 다음 빈칸에 알맞은 말을 쓰시오.

1) _____ _____ Friday today.

2) _____ _____ somebody at the

door now.

[2-3] 다음 그림을 보고 주어진 단어를 빈칸에 알맞게 쓰시오.

2

in, is, big, tree, front, house

→ There _____ a _____ _____ _____

_____ of the _____.

3

was, from, hotel, beach

→ It _____ 600 meters _____ the

_____ to the _____.

4 다음 우리말에 맞게 괄호 안의 단어를 바르게 배열하시오.

공원에 많은 사람들이 있다.

(people, the park, There, in, are, many)

→ _____

5 다음 문장에서 어법상 어색한 부분을 찾아 바르게 고친 후, 문장을 다시 쓰시오.

Understand the rule is difficult.

_____ → _____

: _____

[6-7] 다음 두 문장이 같은 뜻이 되도록 빈칸에 알맞은 단어를 쓰시오.

6 Swimming is fun.

= _____ _____ fun _____.

7 Running in the rain was exciting.

= _____ _____ exciting _____

in the rain.

[8−9] 다음 우리말에 맞게 빈칸에 알맞은 단어를 쓰시오.

8

> 매일 걷는 것은 좋다.

→ _____ everyday _____ good.

→ _____ _____ good _____
everyday.

9

> 그 배우를 만나는 것은 불가능했다.

→ _____ the actor _____ impossible.

→ _____ _____ impossible _____
the actor.

10 주어진 단어를 이용하여 우리말을 영어로 바꾸시오.

> 세계를 여행하는 것이 그의 직업이다.
> (travel, world)

→ _____

[11−12] 다음 우리말을 영어로 쓰시오.

11

> 절대 두려워하지 마.

→ _____

12

> 나를 잊지 마.

→ _____

13 and와 or 중 알맞은 것을 골라, 다음 두 문장을 한 문장으로 연결하시오.

> * Run.
> * You will miss the bus.

→ _____

14 다음 문장에서 잘못된 부분을 바르게 고쳐 문장을 다시 쓰시오.

1) Let I to go.

→ _____

2) Let he waiting.

→ _____

15 다음 밑줄 친 우리말에 해당하는 표현을 3단어로 쓰시오.

> 열심히 공부해라, 그러면 you will pass the exam.

→ _____ you will pass
the exam.

16 다음 상황에 알맞도록 주어진 단어를 바르게 배열하시오.

> the, in, be, quiet, library, Let's

→ _____

PART 6

단순 시제

1. 현재 시제

1 be동사는 '~이다, ~있다'의 뜻이에요. be동사의 현재형은 주어가 단수인지 복수인지에 따라 is나 are를 구별해서 써야 해요. 단, 주어가 I일 때는 am을 씁니다. (Part 1 대명사 주어 참고)

주어	be동사의 현재형
단수 주어 he, she, it, this, the woman, your book, Minho	**is**
복수 주어 we, you, they, these, the women, two books, Minho and Mary	**are**

2 일반동사의 현재형은 대부분 동사원형과 모양이 같아요.

I **cook**. 나는 요리한다.　　　We **leave**. 우리는 떠난다.　　　They **dance**. 그들은 춤춘다.

3 단, 주어가 he, she, it(3인칭 단수)인 경우에는 동사 끝에 -s나 -es를 붙여요.

대부분의 동사: 끝에 -s를 붙인다

come → come**s**　　　　leave → leave**s**　　　　rain → rain**s**

s, x, sh, ch, o로 끝나는 동사: -es를 붙인다

pass → pass**es**　　　　mix → mix**es**　　　　wash → wash**es**
watch → watch**es**　　　do → do**es**　　　　go → go**es**

'자음+y'로 끝나는 동사: y를 i로 고치고 -es를 붙인다 / '모음+y'는 그냥 -s만 붙인다

study → stud**ies**　　　fly → fl**ies**　　　　try → tr**ies**
play → play**s**　　　　enjoy → enjoy**s**　　　buy → buy**s**

4 현재 시제를 쓰는 경우는 다음과 같아요.

① 현재의 사실이나 동작, 상태를 나타낼 때　　② 현재의 습관적인 동작을 나타낼 때

③ 직업이나 성격을 나타낼 때　　　　　　　④ 변하지 않는 진리나 사실을 나타낼 때

⑤ 미래의 의미로 go, come, start, leave, arrive를 쓸 때

주어진 동사를 주어에 맞는 형태로 바꿔서 현재 시제로 써 보세요.

be	1 I _____	2 She _____
say	3 Our friends _____	4 He _____
fix	5 David _____	6 They _____
catch	7 Your sisters _____	8 Jane _____
finish	9 We _____	10 The girl _____
fly	11 The birds _____	12 Your kite _____

 다음 우리말 문장을 영어로 바르게 완성하세요.

1 지구는 태양 주위를 돈다. (go) → The earth _____ around the sun.

2 박 선생님은 영어를 가르치신다. (teach) → Mr. Park _____ English.

3 그는 행복하다. (be) → He _____ happy.

4 태양은 동쪽에서 뜬다. (rise) → The sun _____ in the east.

5 존은 개 한 마리가 있다. (have) → John _____ a dog.

6 메리는 밤마다 TV를 본다. (watch) → Mary _____ TV every night.

7 그 가게는 9시에 연다. (open) → The store _____ at 9.

8 그 콘서트는 7시 30분에 시작한다. (start) → The concert _____ at 7:30.

9 그 버스는 10시에 떠난다. (leave) → The bus _____ at 10.

10 물은 100℃에서 끓는다. (boil) → Water _____ at 100℃.

2. 과거 시제

1 be동사의 과거형 was/were는 '~이었다, ~있었다'라는 뜻이에요. 과거형은 주어의 인칭에 따라, 주어의 수에 따라 was나 were를 일치시켜서 써야 해요.

주어	be동사의 과거형
단수 주어 I, he, she, it, this, the woman, your book, Minho	**was**
복수 주어 we, you, they, these, the women, two books, Minho and Mary	**were**

2 대부분의 일반동사는 동사 끝에 -ed를 붙여서 과거형을 만들어요.

work + **ed** → work**ed**　　　　clean + **ed** → clean**ed**
일하다　　　　일했다　　　　　　　청소하다　　　　청소했다

3 일반동사에 -ed를 붙여서 과거형으로 만드는 규칙을 좀 더 알아봅시다.

-e로 끝나는 동사 : -d만 붙인다

like → like**d**　　　　die → die**d**　　　　move → move**d**

'자음+y'로 끝나는 동사 : y를 i로 고치고 -ed를 붙인다

study → stud**ied**　　　　fly → fl**ied**　　　　try → tr**ied**

'모음+y'로 끝나는 동사 : 바로 뒤에 -ed만 붙인다

play → play**ed**　　　　stay → stay**ed**　　　　enjoy → enjoy**ed**

'단모음+단자음'으로 끝나는 1음절 동사 : 마지막 자음을 하나 더 쓰고 -ed를 붙인다

stop → stop**ped**　　　　rob → rob**bed**　　　　plan → plan**ned**

4 과거 시제를 쓰는 경우는 다음과 같아요.

① 과거의 사실이나 동작, 상태를 나타낼 때　　　② 과거의 습관이나 경험을 나타낼 때

③ 역사적인 사실을 나타낼 때

A 다음 각 동사의 과거형을 써 보세요.

1 is → _____

2 copy → _____

3 visit → _____

4 rain → _____

5 end → _____

6 arrive → _____

7 walk → _____

8 stay → _____

9 start → _____

10 look → _____

11 stop → _____

12 are → _____

13 taste → _____

14 plan → _____

15 skip → _____

16 cry → _____

B 다음 우리말 문장을 영어로 바르게 완성하세요. (A에 나오는 동사의 과거형을 이용하세요.)

1 우리는 중국을 방문했다. → We _____ China.

2 그들은 피곤했다. → They _____ tired.

3 닐 암스트롱은 달 위를 걸었다. → Neil Armstrong _____ on the moon.

4 벤은 수업을 빼먹었다. → Ben _____ classes.

5 나는 제시간에 도착했다. → I _____ on time.

6 그 영화는 10시에 끝났다. → The movie _____ at ten.

7 비가 세차게 내렸다. → It _____ heavily.

8 그녀는 매우 영리해 보였다. → She _____ very smart.

3. 동사의 과거형

일반동사들 중 과거형이 -ed로 끝나지 않는 동사들이 있어요. 불규칙한 모양이지만 숨겨진 규칙을 따라 익히면 좀 더 쉽게 기억할 수 있어요. 처음 접하는 동사는 현재형과 과거형을 함께 기억해 두는 것이 좋아요.

원형과 과거형의 모양이 같은 동사

cut → cut   hit → hit   hurt → hurt
put → put   read → read   shut → shut

> 동사의 원형과 과거형의 모양이 같은 경우에는 문장의 전체적인 의미를 보고 현재형인지 과거형인지 판단해야 해요.

원형과 과거형의 모양이 서로 닮은 동사 (모음이 바뀌는 경우)

become → became   begin → began   choose → chose
come → came   drink → drank   fall → fell
find → found   get → got   give → gave
know → knew   lead → led   make → made
meet → met   rise → rose   run → ran
sit → sat   win → won   write → wrote

원형과 과거형의 모양이 서로 닮은 동사 (자음이 바뀌는 경우)

build → built   hear → heard   lend → lent
lose → lost   send → sent   spend → spent

원형과 과거형의 모양이 완전히 다른 동사

bring → brought   buy → bought   catch → caught
eat → ate   fight → fought   go → went
leave → left   pay → paid   see → saw
sell → sold   sleep → slept   take → took
teach → taught   tell → told   think → thought

PRACTICE

A 다음 각 문장의 동사에 밑줄을 긋고, 괄호 안에 동사의 과거형을 써 보세요.

1 She eats it. (　　　　) 2 We go there. (　　　　)

3 He sleeps well. (　　　　) 4 I buy this. (　　　　)

5 They build a bridge. (　　　　) 6 We sometimes meet him. (　　　　)

7 David leads the team. (　　　　) 8 Jane chooses this. (　　　　)

9 I hear you. (　　　　) 10 The class begins soon. (　　　　)

11 We run fast. (　　　　) 12 They always win. (　　　　)

13 The sun gives us heat. (　　　　) 14 The sun rises. (　　　　)

15 He makes tables. (　　　　) 16 He pays the bill. (　　　　)

▶ bill 청구서, 계산서

B 다음 주어진 단어를 이용하여 우리말 문장을 영어로 바르게 완성하세요.

cut　　get　　lose　　come　　write　　take　　become

1 그들은 가수가 <u>되었다</u>.　⇒ They ＿＿＿＿＿＿＿ singers.

2 그는 나무를 <u>잘랐다</u>.　⇒ He ＿＿＿＿＿＿＿ the tree.

3 나는 지갑을 <u>잃어버렸다</u>.　⇒ I ＿＿＿＿＿＿＿ my purse.

4 그녀는 늦게 <u>왔다</u>.　⇒ She ＿＿＿＿＿＿＿ late.

5 나는 오늘 늦게 <u>일어났다</u>.　⇒ I ＿＿＿＿＿＿＿ up late today.

6 그는 소설을 <u>썼다</u>.　⇒ He ＿＿＿＿＿＿＿ a novel.

7 그녀는 학교까지 택시를 <u>탔다</u>.　⇒ She ＿＿＿＿＿＿＿ a taxi to school.

▶ take는 '가지고 가다, 데리고 가다, 사진 찍다,
(시간이) 걸리다, (교통 수단을) 타다' 등 여러
의미로 쓰여요.

4. 미래 시제

1 '~할 것이다'라고 미래의 일을 말할 때는 조동사 will 뒤에 동사원형을 써요.

work → **will** work   am/are/is → **will** be   goes → **will** go

2 미래를 나타내는 will은 다음과 같은 경우에 써요.

> will을 줄여서 'll로 쓸 수 있어요.

미래에 관한 주어의 의지 : ~하겠다, ~할 작정이다

I **will help** you. 내가 너를 도와줄게.
I **will do** my best. 나는 최선을 다할 것이다.
I**'ll be** a doctor in the future. 나는 앞으로 의사가 될 거야.

미래의 일이나 미래에 관한 추측 : ~일 것이다

It **will be** sunny tomorrow. 내일은 날씨가 맑을 것이다.
She **will be** 12 next month. 그녀는 다음 달에 열 두 살이 될 것이다.

3 '~할 예정[계획]이다, ~할 것 같다'라는 의미로 가까운 미래의 계획이나, 근거가 있는 추측, 미리 계획된 일정을 나타낼 때는 'be going to + 동사원형'으로 표현해요. 조동사 will과 구별해서 쓰세요.

I **am going to leave** tomorrow. 나는 내일 떠날 작정이야.
It **is going to rain**. 비가 오려고 해.

이때, be going to의 going을 '가다'의 의미로 해석하지 않도록 주의하세요. 또한, be동사는 주어에 맞게 쓰고 to 뒤에는 반드시 동사원형을 써야 해요.

다음 문장의 밑줄 친 동사를 미래 시제로 고쳐 쓰세요.

1 John <u>left</u> Korea yesterday.

① will John _____ Korea some day.

② be going to John _____ Korea tomorrow.

2 I <u>called</u> you last night.

① will I _____ you later.

② be going to I _____ you this evening.

3 We <u>went</u> to a movie last weekend. ▸ go to a movie 영화 보러 가다

① will We _____ to a movie next time.

② be going to We _____ to a movie this weekend.

B 다음 우리말 문장을 영어로 바르게 완성하세요.

1 나는 파이를 <u>먹을</u> 것이다. (eat) ⇒ I _____ the pie.

2 나는 <u>늦을</u> 것이다. (be) ⇒ I _____ late.

3 앨런은 그 시험에 <u>합격할</u> 것이다. (pass) ⇒ Alan _____ the exam.

4 나는 일찍 잠자리에 <u>들</u> 것이다. (go) ⇒ I _____ to bed early.

5 우리는 그 비밀을 <u>말할</u> 작정이다. (tell) ⇒ We _____ the secret.

6 나는 펜들을 몇 개 <u>사려고</u> 한다. (buy) ⇒ I _____ some pens.

7 사라는 빨간 드레스를 <u>입을</u> 계획이다. (wear) ⇒ Sarah _____ a red dress.

단순 시제의 부정문 만드는 법

주어(S)	+	동사(V)

I
He, She, It
You, We, They

am not
is not (isn't)
are not (aren't)

I, He, She, It
You, We, They

was not (wasn't)
were not (weren't)

I, You, We, They
He, She, It
모든주어

do not swim. (don't swim)
does not swim. (doesn't swim)
did not swim. (didn't swim)

모든주어

will not swim. (won't swim)

동사의 성격 먼저 파악하기

be동사 be동사 뒤에 바로 not을 붙인다.

일반동사 do/does/did의 도움을 받아 그 뒤에 not을 쓰고 동사원형을 쓴다.

조동사 will이 들어간 경우 조동사 뒤에 not을 붙이고 동사원형을 쓴다.

Quick Check 다음 문장의 동사를 부정형으로 고쳐 쓰세요. 단, 줄임말 형태로 쓰세요.

1 I came → I _____
   She comes → She _____
   They come → They _____

2 It has → It _____
   We have → We _____
   I had → I _____

3 He is → He _____
   I was → I _____
   We were → We _____

4 We liked → We _____
   You like → You _____
   He likes → He _____

5 I will leave → I _____
   She will be → She _____
   They will eat → They _____

6 She walks → She _____
   I walked → I _____
   They walk → They _____

1 ❶ 그 버스는 도착했다.   ➔

_____.

그 버스는   도착했다

❷ 그 버스는 도착하지 않았다.   ➔

_____.

2 ❶ 우리는 달렸다.   ➔

_____.

우리는   달렸다

❷ 우리는 달리지 않았다.   ➔

_____.

3 ❶ 네 친구들은 머물렀다.   ➔

_____.

네 친구들은   머물렀다

❷ 네 친구들은 머물지 않았다.   ➔

_____.

4 ❶ 나는 바쁘다.   ➔

_____.

나는   ~이다   바쁜

❷ 나는 바쁘지 않다.   ➔

_____.

5 ❶ 그는 의사가 되었다.   ➔

_____.

그는   되었다   의사

❷ 그는 의사가 되지 않았다.   ➔

_____.

6 ❶ Jane은 피곤했다.   ➔

_____.

제인은   ~이었다   피곤한

❷ Jane은 피곤하지 않았다.   ➔

_____.

7 ❶ 그 수프는 짜다.   ➔

_____.

그 수프는   ~맛이 난다   짠

❷ 그 수프는 맛이 짜지 않다.   ➔

_____.

힌트

주어   soup, bus, friend
동사   arrive, run (ran-run), stay, become (became-become), taste
보어   busy, salty, doctor, tired

8 ❶ 그녀는 모델이다. ➡ _____.

그녀는   ~이다   모델

❷ 그녀는 모델이 아니다. ➡ _____.

9 ❶ 우리는 그 비밀을 안다. ➡ _____.

우리는   안다   그 비밀을

❷ 우리는 그 비밀을 모른다. ➡ _____.

10 ❶ 그들은 우리를 방문했다. ➡ _____.

그들은   방문했다   우리를

❷ 그들은 우리를 방문하지 않았다. ➡ _____.

11 ❶ 나는 이를 닦을 거야. ➡ _____.

나는   닦을 것이다   나의 이들을

❷ 나는 이를 닦지 않을 거야. ➡ _____.

12 ❶ Tony는 가난한 사람들을 도왔다. ➡ _____.

▶ the poor 가난한 사람들

토니는   도왔다   가난한 사람들을

❷ Tony는 가난한 사람들을 돕지 않았다. ➡ _____.

13 ❶ 우리 아빠는 아침을 거른다. ➡ _____.

나의 아빠는   거른다   그의 아침 식사를

❷ 우리 아빠는 아침을 거르지 않는다. ➡ _____.

14 ❶ 내 남동생이 내 컴퓨터를 사용했다. ➡ _____.

내 남동생이   사용했다   내 컴퓨터를

❷ 내 남동생이 내 컴퓨터를 사용하지 않았다. ➡ _____.

힌트

동사   know (knew-known), use, skip, brush, visit, help
보어   model
목적어 the poor, computer, us, secret, breakfast, teeth

단순 시제의 의문문 만드는 법

Be동사	+	주어(S)	+	보어(C)
Am		I		happy?
Is		he, she, it		happy?
Are		you, we, they		happy?
Was		I, he, she, it		happy?
Were		you, we, they		happy?

Do동사/조동사	+	주어(S)	+	동사원형
Do		I, you, we, they		work?
Does		he, she, it		work?
Did		모든주어		work?
Will		모든주어		work?

동사의 성격 먼저 파악하기

- **be동사** be동사를 주어 앞으로 내보내서 'Be동사 + 주어 ~?' 형태로 만든다.
- **일반동사** Do / Does / Did의 도움을 받아 'Do / Does / Did + 주어 + 동사원형~?' 형태로 만든다.
- **조동사 will이 들어간 경우** 주어와 조동사의 순서를 바꿔서 'Will + 주어 + 동사원형 ~?' 형태로 만든다.

Quick Check 다음 문장을 의문문으로 고쳐 쓰세요.

1 Jane was happy. → _____ happy?

2 They were at church. → _____ at church?

3 You heard the news. → _____ the news?

4 Cows eat grass. → _____ grass?

5 He will stay at the hotel. → _____ at the hotel?

6 She is going to arrive soon. → _____ soon?

1 ❶ 그는 요리를 한다. → _____ .

그는   요리를 한다

❷ 그가 요리를 하니? → _____ ?

2 ❶ 우리는 동의했다. → _____ .

우리는   동의했다

❷ 우리가 동의했니? → _____ ?

3 ❶ 너의 남동생이 올 것이다. → _____ .

너의 남동생이   올 것이다

❷ 네 남동생이 올 거니? → _____ ?

4 ❶ Tom은 거짓말을 한다. → _____ .

탐은   거짓말한다

❷ Tom은 거짓말을 하니? → _____ ?

5 ❶ 그 영화는 끝났다. → _____ .

그 영화는   끝났다

❷ 그 영화는 끝났니? → _____ ?

6 ❶ 그 영화는 재미있다. → _____ .

그 영화는   ~이다   재미있는

❷ 그 영화는 재미있니? → _____ ?

7 ❶ 날씨가 화창하다. → _____ .

(비인칭주어)   ~이다   화창한

❷ 날씨가 화창한가요? → _____ ?

힌트

주어   movie, brother
동사   is (was), cook, end, agree, lie, come (came-come)
보어   interesting, sunny

8 ❶ 그 수프는 너무 짰다.
　　▶ too (부정적 의미로) 너무 ~한
➡ ＿＿＿＿＿＿＿＿＿＿＿＿＿＿＿＿ .

그 수프는　　　～이었다　　　너무 짠

❷ 그 수프가 너무 짰니?
➡ ＿＿＿＿＿＿＿＿＿＿＿＿＿＿＿＿ ?

9 ❶ 그녀는 슬퍼 보인다.
➡ ＿＿＿＿＿＿＿＿＿＿＿＿＿＿＿＿ .

그녀는　　　～해 보인다　　　슬픈

❷ 그녀가 슬퍼 보이나요?
➡ ＿＿＿＿＿＿＿＿＿＿＿＿＿＿＿＿ ?

10 ❶ 그들은 놀랐다.
➡ ＿＿＿＿＿＿＿＿＿＿＿＿＿＿＿＿ .

그들은　　　～이었다　　　놀란

❷ 그들이 놀랐니?
➡ ＿＿＿＿＿＿＿＿＿＿＿＿＿＿＿＿ ?

11 ❶ George는 손을 씻었다.
➡ ＿＿＿＿＿＿＿＿＿＿＿＿＿＿＿＿ .

조지는　　　씻었다　　　그의 손들을

❷ George는 손을 씻었니?
➡ ＿＿＿＿＿＿＿＿＿＿＿＿＿＿＿＿ ?

12 ❶ 그들은 사진을 찍었다.
➡ ＿＿＿＿＿＿＿＿＿＿＿＿＿＿＿＿ .

그들은　　　찍었다　　　사진들을

❷ 그들은 사진을 찍었니?
➡ ＿＿＿＿＿＿＿＿＿＿＿＿＿＿＿＿ ?

13 ❶ 나는 숙제를 끝마쳤다.
➡ ＿＿＿＿＿＿＿＿＿＿＿＿＿＿＿＿ .

나는　　　끝마쳤다　　　내 숙제를

❷ 너는 숙제를 끝마쳤니?
➡ ＿＿＿＿＿＿＿＿＿＿＿＿＿＿＿＿ ?

14 ❶ Joel은 채소만 먹는다.
　　▶ only 오직 ~만
➡ ＿＿＿＿＿＿＿＿＿＿＿＿＿＿＿＿ .

조엘은　　　먹는다　　　오직 채소들만

❷ Joel은 채소만 먹나요?
➡ ＿＿＿＿＿＿＿＿＿＿＿＿＿＿＿＿ ?

힌트
동사　are (were), look, eat (ate-eaten), wash, finish, take (took-taken), is (was)
보어　surprised, salty, sad
목적어　picture, hand, homework, vegetables

빈도부사로 살 붙이기

always 항상   sometimes 가끔, 때때로
usually 대개, 보통   never 결코 ~않은
often 종종, 자주

▶ 이러한 빈도부사들은 be동사 뒤에, 일반동사 앞에, 조동사 뒤에 위치해요.

① be동사 뒤에 : Susan is ↓ always late . 수잔은 **항상** 늦는다.

② 일반동사 앞에 : She ↓ often eats snacks . 그녀는 **자주** 간식을 먹는다.

③ 조동사 뒤에 : I will ↓ never cry . 나는 **절대로** 울지 않을 것이다.

1 줄리(Julie)는 항상 웃는다. (smile)

2 나의 개는 자주 짖는다. (bark)

3 우리 엄마는 가끔 노래를 부른다. (sing)

4 그 아기는 항상 운다. (cry)

5 이 컵은 절대 깨지지 않을 것이다. (break)

6 그 소년은 가끔 슬퍼 보였다.

➡ _____.

7 제인(Jane)은 자주 피곤하다. (tired)

➡ _____.

8 그녀는 절대로 화를 내지 않을 것이다. (get, angry)

➡ _____.

9 우리 아버지는 자주 지하철을 타신다. (take the subway)

➡ _____.

10 그는 절대 샤워를 하지 않는다. (take a shower)

➡ _____.

11 내가 가끔 너에게 전화할게. (call)

➡ _____.

12 댄(Dan)은 자주 농구를 하니? (basketball) ▸ 운동을 나타내는 이름 앞에는 관사(a, the)를 쓰지 않아요.

➡ _____?

13 너는 늘[항상] 안경을 쓰니? (wear, glasses) ▸ 안경은 항상 복수 형태인 glasses로 써요.

➡ _____?

14 그녀의 책상은 항상 지저분하니? (messy)

➡ _____?

once 한 번	a few times 몇 번	twice a week 일주일에 두 번
twice 두 번	many times 여러 번, 누차	three times a month 한 달에 세 번
three times 세 번	once a day 하루에 한 번	four times a year 일 년에 네 번
every day 매일	every week 매주	every year 매년
every time 매번	every Saturday 토요일마다	▶ every 뒤에는 항상 단수 명사가 옵니다.

My father and I play chess ↘ . once a day

아버지와 나는 **하루에 한 번** 체스를 둔다.

---

15 그녀는 하루에 한 번 내게 전화를 한다.

→ _____.

16 나는 하루에 세 번 이를 닦는다. (brush, teeth)

→ _____.

17 그녀는 토요일마다 그림을 그린다. (draw, paintings)

→ _____.

18 그 학생들은 금요일마다 중국어를 배울 것이다. (learn, Chinese)

→ _____.

19 형은 매일 기타를 친다. (play, the guitar)

→ _____.

20 그 여자 아이는 마우스를 두 번 클릭했다. (click)

→ _____.

21 그 버스는 하루에 두 번 다닌다. (run)

➜ _____ .

22 그녀는 하루에 세 번 기도한다. (pray)

➜ _____ .

23 그 소년은 매번 거짓말을 한다. (lie)

➜ _____ .

24 그 호텔은 겨울마다 붐볐다. (crowded, winter)

➜ _____ .

25 그 식당은 주말마다 혼잡하다. (restaurant, busy)

➜ _____ .

과거를 나타내는 표현으로 살 붙이기

last night 어젯밤에   last time 지난번에   two weeks ago 2주 전에
last weekend 지난 주말에   a few minutes ago 몇 분 전에   three years ago 3년 전에
last year 작년에   an hour ago 1시간 전에

I didn't sleep ↲ last night

나는 **어젯밤에** 자지 않았다.

26 우리는 한 시간 전에 조엘을 만났다.

➜ _____ .

27 이틀 전에 비가 왔다. (rain)

➡ _____ .

28 그 기차는 몇 분 전에 떠났다. (leave)

➡ _____ .

29 나는 3년 전에 살이 쪘다. (get)

➡ _____ .

30 나는 지난주에 한가했다. (free)

➡ _____ .

31 나는 작년에 중국을 방문했다. (visit, China)

➡ _____ .

32 우리는 한 시간 전에 그 소식을 들었다. (hear, news)

➡ _____ .

33 나는 몇 분 전에 그 편지를 받았다. (receive, letter)

➡ _____ .

PART 7

진행 시제

1. 현재분사

1 동사에 -ing를 붙여 현재분사를 만드는 방법을 알아봅시다. 현재분사는 '~하고 있는, ~하고 있는 중인'이란 의미로 쓰여요.

대부분의 동사: 뒤에 -ing를 붙인다

read + ing → read**ing**
읽다   읽고 있는

carry + ing → carry**ing**
나르다   나르고 있는

study + ing → study**ing**
공부하다   공부하고 있는

order + ing → order**ing**
주문하다   주문하고 있는

e로 끝나는 동사: e를 생략하고 -ing를 붙인다

have + ing → hav**ing**
먹다   먹고 있는

use + ing → us**ing**
사용하다   사용하고 있는

단모음과 단자음으로 끝나는 동사: 자음을 반복한 후 -ing를 붙인다

sit + ing → sit**ting**
앉다   앉고 있는

cut + ing → cut**ting**
자르다   자르고 있는

2 현재분사는 Part 4에서 배운 동명사와 형태는 같지만 서로 다른 역할을 합니다. 동명사는 명사 역할을 하고, 현재분사는 형용사 역할을 해요. 아래 표를 참고하여 현재분사와 동명사의 차이점을 잘 기억해 두세요.

현재분사	동명사
• 형용사 역할을 한다.	• 명사 역할을 한다.
• 명사를 수식한다.	• 문장에서 주어, 목적어, 보어로 쓰인다.
• 'be동사 + -ing' 형태의 진행형으로 쓰인다.	• '~하기, ~하는 것'이란 의미이다.
• '~하고 있는'이란 의미이다.	
I know the **swimming** girl. (명사 수식) 　　　　　수영하고 있는	**Swimming** is fun. (주어) 수영하기는
She is **swimming**. (진행형) 　　　수영하고 있는	I like **swimming**. (목적어) 　　　수영하는 것을
	My hobby is **swimming**. (보어) 　　　　　수영하기

PRACTICE

A 다음 동사를 현재분사로 만들어 보세요. 그리고 그 뜻도 쓰세요.

1 watch ➡ _____ ( )   2 sleep ➡ _____ ( )

3 do ➡ _____ ( )   4 hit ➡ _____ ( )

5 work ➡ _____ ( )   6 learn ➡ _____ ( )

7 sit ➡ _____ ( )   8 meet ➡ _____ ( )

9 talk ➡ _____ ( )   10 win ➡ _____ ( )

11 read ➡ _____ ( )   12 write ➡ _____ ( )

13 swim ➡ _____ ( )   14 use ➡ _____ ( )

B 다음 우리말 문장을 영어로 바르게 완성하세요. (**A**에 나오는 현재분사를 이용하세요.)

1 내 여동생은 자고 있다.   ➡ My sister is _____ .

자고 있는

2 나는 책을 읽고 있다.   ➡ I am _____ a book.

읽고 있는

3 나의 팀이 이기고 있다.   ➡ My team is _____ .

이기고 있는

4 그 남자가 한 소녀에게 말하고 있다.   ➡ The man is _____ to a girl.

말하고 있는

5 그들은 TV를 보고 있었다.   ➡ They were _____ TV.

보고 있는

6 그 선수는 공을 치고 있었다.   ➡ The player was _____ balls.

치고 있는

7 우리는 영어를 배우고 있었다.   ➡ We were _____ English.

배우고 있는

8 그녀는 벤치에 앉아 있었다.   ➡ She was _____ on the bench.

앉아 있는

2. 현재진행

1 현재진행형은 지금 말하고 있는 순간에 진행 중인 동작을 나타내는 표현이에요. 앞서 배운 현재분사를 이용하여 'am/are/is + -ing' 형태로 나타냅니다.

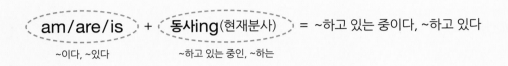

am/are/is + 동사ing(현재분사) = ~하고 있는 중이다, ~하고 있다
~이다, ~있다   ~하고 있는 중인, ~하는

I often **play** baseball. 나는 자주 야구를 한다.
But I **am playing** soccer now. 그러나 지금은 축구를 하고 있다.

현재진행형은 최근의 현상이나 변화를 나타내기도 해요.
The leaves **are turning** red. 잎들이 붉게 변하고 있다.
The dog **is getting** thin. 그 개는 말라가고 있다.

2 현재진행형의 be동사는 주어에 따라 am, is, are를 선택해서 써요.

I   **am** swimming.   나는 수영하고 있다.

He/She/It   **is** swimming.   그/그녀/그것은 수영하고 있다.

You/We/They   **are** swimming.   너(희)/우리/그들은 수영하고 있다.

3 진행형으로 쓸 수 없는 동사들도 있어요. 원칙적으로 다음과 같은 동사들은 잠깐 동안 일어나는 동작이 아니기 때문에 진행형으로 쓸 수 없어요.

가진 것을 나타내는 소유동사	감각을 나타내는 감각동사	좋고 싫음을 나타내는 감정동사	알고 있는 것을 나타내는 인지동사
have	taste, sound, see, hear, smell	like, love, hate	know, remember

PRACTICE

 A 다음 문장들을 현재진행형 문장으로 바꿔 쓰세요.

1 He eats.
→ He _____ .

2 I swim.
→ I _____ .

3 You sing.
→ You _____ .

4 We arrive.
→ We _____ .

5 She cooks.
→ She _____ .

6 They build.
→ They _____ .

7 My father drives.
→ My father _____ .

8 Your brothers wash.
→ Your brothers _____ .

9 A bird flies.
→ A bird _____ .

10 Dogs bark.
→ Dogs _____ .

B 다음 우리말 문장을 영어로 바르게 완성하세요.

1 제니는 책을 읽고 있다.
→ Jenny _____ a book.

2 내 동생은 숙제를 하고 있다.
→ My brother _____ his homework.

3 그들은 아침을 먹고 있다.
→ They _____ breakfast.

4 비가 내리고 있다.
→ It _____ .

5 바람이 거세게 불고 있다.
→ The wind _____ hard.

6 데니는 토마토를 씻고 있다.
→ Danny _____ the tomatoes.

7 닉과 애니는 동물을 그리고 있다.
→ Nick and Annie _____ animals.

힌트

have, blow, wash, draw, read, do, rain

3. 과거진행

1 단순 과거 시제는 이미 지난 일이나 지나간 사실을 나타내지만, 과거진행 시제는 과거의 어느 시점에 끝나지 않고 계속되고 있는 일을 나타내요.

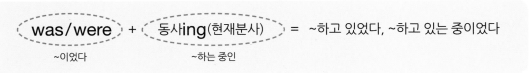

was/were + 동사ing(현재분사) = ~하고 있었다, ~하고 있는 중이었다
~이었다   ~하는 중인

At 3 yesterday, 어제 3시에,
I **was taking** a shower. 나는 샤워를 **하고 있었다.**
My brothers **were watching** TV. 내 남동생들은 TV를 **보고 있었다.**

2 과거진행형의 be동사는 주어에 따라 결정돼요. 주어가 단수이면 was, 주어가 복수이면 were를 써요.

| I/He/She/It | **was** swimming. | 나/그/그녀/그것은 수영하고 있었다. |

| You/We/They | **were** swimming. | 너(희)/우리/그들은 수영하고 있었다. |

3 진행형이 불가능한 have, taste, smell 등은 의미가 달라지면 진행형도 가능해요. 즉, have가 '가지다'라는 소유의 뜻으로 쓰일 때는 진행형으로 쓸 수 없지만, '먹다'라는 동작을 나타낼 때는 진행형이 가능해요.

× I was having a book. (have 가지고 있다)
○ I **was having** lunch. (have 먹다)

× The soup was tasting good. (taste ~한 맛이 나다)
○ She **was tasting** the soup. (taste 맛을 보다)

× The shoes were smelling bad. (smell ~한 냄새가 나다)
○ We **were smelling** flowers. (smell 냄새를 맡다)

PRACTICE

A 다음 문장들을 과거진행형 문장으로 바꿔 쓰세요.

1 He ate.
→ He _____.

2 I swam.
→ I _____.

3 You sang.
→ You _____.

4 We arrived.
→ We _____.

5 She cooked.
→ She _____.

6 They built.
→ They _____.

7 My father drove.
→ My father _____.

8 Your brothers washed.
→ Your brothers _____.

9 A bird flew.
→ A bird _____.

10 Dogs barked.
→ Dogs _____.

B 다음 우리말 문장을 영어로 바르게 완성하세요.

1 나는 TV를 보고 있었다.
→ I _____ TV.

2 벤은 학교로 걸어가고 있었다.
→ Ben _____ to school.

3 그 소년들은 축구를 하고 있었다.
→ The boys _____ soccer.

4 스티브는 강에서 수영하고 있었다.
→ Steve _____ in the river.

5 눈이 내리고 있었다.
→ It _____.

6 너는 음악을 듣고 있었다.
→ You _____ to music.

7 그 개는 구멍을 파고 있었다.
→ The dog _____ a hole.

힌트

snow, listen, dig, watch, swim, walk, play

진행 시제의 부정문 만드는 법

주어(S) + **동사(V)**

주어(S)	동사(V)
I	am not swimming.
He, She, It	is not swimming. (isn't swimming)
You, We, They	are not swimming. (aren't swimming)
I, He, She, It	was not swimming. (wasn't swimming)
You, We, They	were not swimming. (weren't swimming)

▶ 진행 시제의 부정문은 be동사 뒤에 not을 붙여서 'be동사 + not + -ing' 형태로 씁니다.
▶ am not은 한 단어로 줄여 쓰지 않아요.

Quick Check 다음 동사를 부정형으로 고쳐 쓰세요. 단, 줄임말 형태로 쓰세요.

1 is coming → ------------------------ 2 are running → ------------------------

3 am buying → ------------------------ 4 was coming → ------------------------

5 were running → ------------------------ 6 is writing → ------------------------

7 are sitting → ------------------------ 8 am winning → ------------------------

Practice ❶ 진행 시제의 평서문과 부정문 만들기

1 ❶ 나는 노래 부르고 있다.

→ _____ .
　　나는　　　　　　　　　노래 부르고 있다

❷ 나는 노래 부르고 있지 않다.

→ _____ .

2 ❶ 눈이 내리고 있었다.

→ _____ .
　(비인칭주어)　　　　　　눈이 내리고 있었다

❷ 눈이 내리고 있지 않았다.

→ _____ .

3 ❶ 그 소년이 기다리고 있었다. → _____ .
그 소년이 　　　　　기다리고 있었다

❷ 그 소년이 기다리고 있지 않았다. → _____ .

4 ❶ 그들은 거짓말하고 있다. → _____ .
그들은 　　　　　거짓말하고 있다

❷ 그들은 거짓말하고 있지 않다. → _____ .

5 ❶ 그녀는 울고 있었다. → _____ .
그녀는 　　　　　울고 있었다

❷ 그녀는 울고 있지 않았다. → _____ .

6 ❶ 아기가 자고 있다. → _____ .
그 아기가 　　　　　자고 있다

❷ 아기가 자고 있지 않다. → _____ .

7 ❶ Kelly와 Kevin은 서 있었다. → _____ .
켈리와 케빈은 　　　　　서 있었다

❷ Kelly와 Kevin은 서 있지 않았다. → _____ .

8 ❶ 그 환자는 약해지고 있다. → _____ .
그 환자는 　　　～해지고 있다 　　　약한

❷ 그 환자는 약해지고 있지 않다. → _____ .

9 ❶ 그 선생님은 피곤함을 느끼고 있었다. → _____ .
그 선생님은 　　　느끼고 있었다 　　　피곤한

❷ 그 선생님은 피곤함을 느끼지 않고 있었다. → _____ .

힌트

동사　sing (sang-sung), stand, lie, wait, cry, sleep (slept-slept), snow, get, feel
보어　weak, tired

10 ❶ 잎들이 갈색으로 변해 가고 있다.

➡ _____ _____ _____ .
　　그 잎들은　　　　변해 가고 있다　　　　갈색의

❷ 잎들이 갈색으로 변하고 있지 않다.

➡ _____ _____ _____ .

　　▶ 잎(leaf)의 복수형은 leaves로 써요.

11 ❶ 사과들이 붉게 익어가고 있었다.

➡ _____ _____ _____ .
　　그 사과들은　　　익어가고 있었다　　　붉은

❷ 사과들이 붉게 익어가고 있지 않았다.

➡ _____ _____ _____ .

12 ❶ 날씨가 추워지고 있다.

➡ _____ _____ _____ .
　　(비인칭주어)　　　~해지고 있다　　　추운

❷ 날씨가 추워지고 있지 않다.

➡ _____ _____ _____ .

13 ❶ Lucy는 피자를 주문하고 있다.

➡ _____ _____ _____ .
　　루시는　　　　　주문하고 있다　　　피자 한 판을

❷ Lucy는 피자를 주문하고 있지 않다.

➡ _____ _____ _____ .

14 ❶ 그 남자는 정장을 입고 있다.

➡ _____ _____ _____ .
　　그 남자는　　　　입고 있다　　　　　정장을

❷ 그 남자는 정장을 입고 있지 않다.

➡ _____ _____ _____ .

15 ❶ 나는 TV를 보고 있다.

➡ _____ _____ _____ .
　　나는　　　　　　보고 있다　　　　　TV를

❷ 나는 TV를 보고 있지 않다.

➡ _____ _____ _____ .

힌트

주어	leaves, it, apples, man
동사	wear (wore-worn), watch, order, turn, get
보어	red, brown, cold
목적어	pizza, suit, TV

16 ❶ 그 소녀는 종이를 자르고 있었다. ⇒ _____ _____ _____ .

그 소녀는   자르고 있었다   그 종이를

❷ 그 소녀는 종이를 자르고 있지 않았다. ⇒ _____ _____ _____ .

17 ❶ 그 아이들은 축구를 하고 있었다. ⇒ _____ _____ _____ .

그 아이들은   하고 있었다   축구를

❷ 그 아이들은 축구를 하고 있지 않았다. ⇒ _____ _____ _____ .

▶ 운동명 앞에는 a, an, the를 붙이지 않아요.

18 ❶ 그는 아침을 먹고 있었다. ⇒ _____ _____ _____ .

그는   먹고 있었다   아침을

❷ 그는 아침을 먹고 있지 않았다. ⇒ _____ _____ _____ .

19 ❶ 그의 어머니는 신문을 읽고 있었다. ⇒ _____ _____ _____ .

그의 어머니는   읽고 있었다   신문을

❷ 그의 어머니는 신문을 읽고 있지 않았다. ⇒ _____ _____ _____ .

▶ newspaper는 셀 수 없는 명사예요.

20 ❶ 잭(Jack)은 점심을 먹고 있었다. ⇒ _____ _____ _____ .

잭은   먹고 있었다   점심을

❷ 잭(Jack)은 점심을 먹고 있지 않았다. ⇒ _____ _____ _____ .

21 ❶ 그녀는 테이블들을 치우고 있었다. ⇒ _____ _____ _____ .

그녀는   치우고 있었다   테이블들을

❷ 그녀는 테이블들을 치우고 있지 않았다. ⇒ _____ _____ _____ .

힌트

동사 read (read-read), have (had-had), play, cut (cut-cut), clear
목적어 paper, soccer, breakfast, newspaper, lunch, tables

Be동사	+	주어(S)	+	현재분사
Is		he, she, it		swimming?
Are		you, we, they		swimming?
Was		he, she, it		swimming?
Were		you, we, they		swimming?

▶ 진행 시제의 의문문은 주어와 be동사의 순서를 바꿔서 'Be동사 + 주어 + -ing ~?'의 순서로 씁니다.

Quick Check 동사에 유의하여 다음 문장을 의문문으로 고쳐 쓰세요.

1 They are coming.

→ _____ ?

2 He was studying.

→ _____ ?

3 John is eating lunch.

→ _____ lunch?

4 The baker is using a pan.

→ _____ a pan?

5 His nose was running.

→ _____ ?

6 The dog is running.

→ _____ ?

7 Some boys were reading.

→ _____ ?

8 The kids were watching TV.

→ _____ TV?

Practice ❷ 진행 시제의 평서문과 의문문 만들기

1 ❶ 그의 아버지는 일하고 계신다.

➡ _____ .

　그의 아버지는　　　일하고 계신다

　❷ 그의 아버지는 일하고 계시니?

➡ _____ ?

　～이니　　　그의 아버지는　　　일하고 계시는

2 ❶ 비가 오고 있다.

→ _____ _____ .
(비인칭주어) 비가 오고 있다

  ❷ 비가 오고 있니?

→ _____ ?
～이니 (비인칭주어) 비가 오고 있는

3 ❶ 내 친구들이 수영하고 있다.

→ _____ _____ .
내 친구들이 수영하고 있다

  ❷ 너의 친구들이 수영하고 있니?

→ _____ ?
～이니 너의 친구들이 수영하고 있는

4 ❶ 그 여자아이는 거짓말을 하고 있다.

→ _____ _____ .
그 여자아이는 거짓말을 하고 있다

  ❷ 그 여자아이가 거짓말을 하고 있니?

→ _____ ?
～이니 그 여자아이가 거짓말을 하고 있는

5 ❶ 민지(Minji)는 자고 있었다.

→ _____ _____ .
민지는 자고 있었다

  ❷ 민지(Minji)가 자고 있었니?

→ _____ ?
～이었니 민지가 자고 있는

6 ❶ 새들이 노래하고 있었다.

→ _____ _____ .
새들이 노래하고 있었다

  ❷ 새들이 노래하고 있었니?

→ _____ ?
～이었니 새들이 노래하고 있는

7 ❶ 날씨가 더 더워지고 있다.

→ _____ _____ .
(비인칭주어) ～해지고 있다 더 더운

  ❷ 날씨가 더 더워지고 있니?

→ _____ ?
～이니 (비인칭주어) ～해지고 있는 더 더운

힌트

동사 sleep, swim, sing, work, rain, lie, get
보어 hotter

8 ① 저 우물은 말라 가고 있다. ➡ _____ .

저 우물은　　　~해 가고 있다　　　　마른

② 저 우물은 말라 가고 있니? ➡ _____ ?

~이니　　　저 우물은　　　~해 가고 있는　　　마른

9 ① 네 오빠는 뚱뚱해지고 있다. ➡ _____ .

네 오빠는　　　~해지고 있다　　　　뚱뚱한

② 네 오빠는 뚱뚱해지고 있니? ➡ _____ ?

~이니　　　네 오빠는　　　~해지고 있는　　　뚱뚱한

10 ① 나는 지루함을 느끼고 있었다. ➡ _____ .

나는　　　느끼고 있었다　　　　지루한

② 너는 지루함을 느끼고 있었니? ➡ _____ ?

~이었니　　　너는　　　느끼고 있는　　　지루한

11 ① Rachel은 영어를 가르치고 있다. ➡ _____ .

레이첼은　　　가르치고 있다　　　　영어를

② Rachel은 영어를 가르치고 있니? ➡ _____ ?

~이니　　　레이첼은　　　가르치고 있는　　　영어를

12 ① 내 남동생은 샤워를 하고 있다. ➡ _____ .

내 남동생은　　　하고 있다　　　　샤워를

② 너의 남동생은 샤워를 하고 있니? ➡ _____ ?

▶ take a shower 샤워하다

~이니　　　너의 남동생은　　　하고 있는　　　샤워를

13 ① 그 사진사는 사진을 찍고 있었다. ➡ _____ .

그 사진사는　　　찍고 있었다　　　　사진들을

② 그 사진사는 사진을 찍고 있었니? ➡ _____ ?

~이었니　　　그 사진사는　　　찍고 있는　　　사진들을

힌트

주어　brother, well, photographer
동사　feel, run, get, teach (taught-taught), take (took-taken)
보어　fat, bored, dry
목적어　English, shower, picture

14 ❶ 그 남자들은 선글라스를 끼고 있다.

▶ 안경(glasses), 선글라스(sunglasses)는 항상 복수형으로 써요.

➡ _____.

그 남자들은 　　　 끼고 있다 　　　 선글라스를

❷ 그 남자들은 선글라스를 끼고 있니?

➡ _____ ?

~이니 　　　 그 남자들은 　　　 끼고 있는 　　　 선글라스를

15 ❶ 나는 아침을 먹고 있다.

➡ _____.

나는 　　　 먹고 있다 　　　 아침 식사를

❷ 너는 아침을 먹고 있니?

▶ 식사명 앞에는 관사(a, the)를 붙이지 않아요.

➡ _____ ?

~이니 　　　 너는 　　　 먹고 있는 　　　 아침 식사를

16 ❶ 그들은 의자를 옮기고 있었다.

➡ _____.

그들은 　　　 옮기고 있었다 　　　 의자를

❷ 그들은 의자를 옮기고 있었니?

➡ _____ ?

~이었니 　　　 그들은 　　　 옮기고 있는 　　　 의자를

17 ❶ 그 고양이는 물고기를 먹고 있었다.

➡ _____.

그 고양이는 　　　 먹고 있었다 　　　 물고기를

❷ 그 고양이는 물고기를 먹고 있었니?

➡ _____ ?

~이었니 　　　 그 고양이는 　　　 먹고 있는 　　　 물고기를

18 ❶ 그녀는 기타를 치고 있다.

➡ _____.

그녀는 　　　 연주하고 있다 　　　 기타를

❷ 그녀는 기타를 치고 있니?

➡ _____ ?

~이니 　　　 그녀는 　　　 연주하고 있는 　　　 기타를

힌트

동사　carry, wear (wore-worn), eat (ate-eaten), play
목적어　chair, breakfast, sunglasses, fish, guitar

부사(구)로 살 붙이기

today 오늘   hard 열심히, 세차게   at that time 그때에
now 지금   alone 혼자   at the moment 지금, 현재
still 아직도, 여전히   together 함께   these days 요즘
quietly 조용히

▶ 시간이나 방식을 나타내는 부사(구)는 주로 문장 끝에 붙어요. 단, still은 문장 중간에 (진행형인 경우 be동사 뒤에) 써요.

Susan is studying ↓. now

수잔은 **지금** 공부하고 있다.

Are you ↓ still studying ?

너는 **아직도** 공부하고 있니?

1 물이 여전히 끓고 있다. (boil) ▶ water는 셀 수 없는 명사예요.

→ _____.

2 그녀는 열심히 공부하고 있다. (study)

→ _____.

3 많은 사람들이 조용히 공부하고 있었다.

→ _____.

4 너는 지금 (내 말을) 듣고 있니? (listen)

→ _____ ?

5 나의 남동생들은 그때에 자고 있었다.

→ _____.

6 그 버스는 지금 다니지 않는다. (run)

→ _____.

7 휘발유는 오늘날 고갈되고 있다. (gas) ▶ gas는 셀 수 없는 명사예요. / run short 고갈되다, 부족해지다

➡ _____ .

8 비가 아직도 내리고 있니? (rain) ▶ 날씨를 나타낼 때는 it을 주어로 써요.

➡ _____ ?

9 그녀의 얼굴은 그때에 빨개지고 있었다. (turn, red)

➡ _____ .

10 내 고양이는 요즘 살이 찌고 있다. (get, fat)

➡ _____ .

11 지금(현재) (날이) 어두워지고 있다. (get, dark)

➡ _____ .

12 우리 엄마는 지금 기분이 좋으시다. (feel, happy)

➡ _____ .

13 그의 머리는 요즘 세어 가고 있다. (turn, gray)

➡ _____ .

14 우리는 조용히 책을 읽고 있었다. (read, book)

➡ _____ .

15 에이미(Amy)는 책상을 세게 치고 있었다. (hit)

➡ _____ .

16 그녀는 오늘 안경을 안 쓰고 있다. (wear, glasses)

➡ _____ .

17 우리 아빠는 그때에 샤워를 하고 계셨다. (take a shower)

➡ _____ .

18 잭(Jack)은 혼자 아침을 먹고 있다. (have, breakfast)

▶ 식사명(breakfast, lunch, dinner) 앞에는 관사를 쓰지 않아요.

➡ _____ .

19 그들은 함께 의자들을 옮기고 있다. (carry)

➡ _____ .

20 그 아이들은 아직도 축구를 하고 있니? (play soccer)

➡ _____ ?

21 네 여동생은 아직도 피아노를 치고 있니? (play, piano)

➡ _____ ?

22 수지(Susie)와 탐(Tom)이 함께 공부하고 있었다.

➡ _____ .

23 네 남동생이 아직도 기다리고 있니? (wait)

➡ _____ ?

접속사 when이 들어간 문장으로 살 붙이기

문장 (주어 + 동사)		접속사 (when) + 주어 + 동사
He was having dinner 그는 저녁을 먹고 있었다	+	when I called. 내가 전화했을 때 when we visited him. 우리가 그를 방문했을 때 when she came back. 그녀가 돌아왔을 때

▶ 접속사는 문장과 문장을 연결해 주는 역할을 해요. when은 '언제'라는 뜻으로도 쓰이지만 접속사로 쓰일 때는 '~할 때'라는 의미로 풀이해요. when절은 문장 맨 앞에 두거나 문장 끝에 둘 수도 있어요. 단, 문장 맨 앞에 둘 때는 when절 끝에 , (쉼표)를 써줘요.

I was sleeping . 나는 자고 있었다.

➔ I was sleeping . when the phone rang　전화벨이 울렸을 때 나는 자고 있었다.

➔ When the phone rang, I was sleeping . 전화벨이 울렸을 때 나는 자고 있었다.

24 내가 그녀를 보았을 때 그녀는 노래 부르고 있었다. (sing, see)

➔ _____ .

25 우리가 도착했을 때 그 기차는 떠나고 있었다. (leave, arrive)

➔ _____ .

26 당신이 전화했을 때 우리는 수영하고 있었다. (call, swim)

➔ _____ .

27 내가 그들을 찾았을 때 그들은 자고 있었다. (find, sleep)

➔ _____ .

28 내가 전화했을 때 그는 노래를 부르고 있었다. (sing, call)

➔ _____ .

29 내가 일어났을 때 비가 오고 있지 않았다. (rain, get up)

➡ _____ .

30 그가 돌아왔을 때 그의 어머니는 요리를 하고 있지 않았다. (cook, come back)

➡ _____ .

31 에이미(Amy)가 왔을 때 너희들은 자고 있었니? (sleep, come)

➡ _____ ?

32 전화벨이 울렸을 때 에릭(Eric)은 독서 중이었다. (phone, ring)

➡ _____ .

33 수(Sue)가 짐(Jim)을 만났을 때 그는 사진을 찍고 있었다. (take, meet)

➡ _____ .

34 그가 도착했을 때 우리는 저녁 식사 중이었다. (have, arrive)

➡ _____ .

35 내가 내 여동생을 불렀을 때 그녀는 개에게 먹이를 주고 있었다. (feed, call)

➡ _____ .

36 내가 방문을 열었을 때 그녀는 기타를 치고 있지 않았다. (play the guitar, open)

➡ _____ .

37 그들이 도착했을 때 앤(Ann)은 아이스크림을 먹고 있었다. (eat, ice cream)

➡ _____ .

38 엄마가 내 남동생을 찾았을 때 그는 컴퓨터 게임을 하고 있었다. (play, games, Mom, find)

➡ _____ .

39 에이미(Amy)가 너를 방문했을 때 너는 TV를 보고 있었니? (watch, visit)

➡ _____ ?

40 내가 도착했을 때 많은 사람들이 기다리고 있었다. (many)

➡ _____ .

41 내가 자리에 앉았을 때 점원이 테이블들을 치우고 있었다. (clear, sit down)

➡ _____ .

'비교급 and 비교급'으로 살 붙이기

hotter and hotter
점점 더 더운

darker and darker
점점 더 어두운

larger and larger
점점 더 커진

more and more important
점점 더 중요한

more and more difficult
점점 더 어려운

▶ '더 ~한'이란 뜻을 가진 표현을 비교급이라고 해요. '형용사 + er' 또는 'more + 형용사'의 비교급을 and로 연결하면 '점점 더 ~한'이란 뜻이 돼요.

It is getting hotter . 더 더워지고 있다.

➡ It is getting hotter and hotter . 점점 더 더워지고 있다.

42 네 오빠는 점점 더 뚱뚱해지고 (살이 찌고) 있다. (get, fat)

➡ _____ .

43 이 나무는 점점 더 키가 크게 자라고 있다. (grow, tall)

→ _____ .

44 날씨가 점점 더 추워지고 있다. (get, cold)

→ _____ .

45 그 풍선은 점점 더 커져 가고 있었다. (balloon, get, big)

→ _____ .

46 그 선수들은 점점 더 긴장하고 있다. (player, feel, nervous)

→ _____ .

47 그 시험들은 점점 더 어려워지고 있다. (exam, become, difficult)

→ _____ .

48 한국가요(K-pop)가 점점 더 인기를 끌고 있다. (become, popular)

→ _____ .

TIP

형용사 비교급 만들기 (더 ~한)

A. 형용사 + er
   1. 대부분의 형용사에는 -er을 붙여요: colder, shorter
   2. 단모음+단자음으로 끝나는 경우 자음을 한 번 더 쓰고 -er을 붙여요: fatter, bigger
   3. 자음+y로 끝나는 경우 y를 i로 고치고 -er을 붙여요: drier, happier
B. more + 3음절 이상의 긴 형용사
   more difficult, more important, more nervous, more popular

PART **8**

완료 시제

1. 과거분사

1 동사가 명사 역할을 하도록 만든 것은 '동명사', 형용사 역할을 하도록 만든 것은 '현재분사'와 '과거분사'예요. 이렇게 동사가 변형되는 성질에 따라 각기 다른 모양과 이름을 갖게 돼요. arrive와 leave를 이용하여 살펴봅시다.

	현재형	과거형	과거분사	현재분사	동명사
arrive	arrive(s)	arrived	arrived	arriving	arriving
leave	leave(s)	left	left	leaving	leaving

위의 예처럼, 과거형과 과거분사형은 서로 닮은 경우가 많아요. -ed만 붙여 주는 규칙형은 외울 필요가 없으나, 불규칙형은 '동사원형-과거형-과거분사형'의 순서로 형태를 외워두는 것이 좋아요.

2 현재분사와 마찬가지로, 과거분사는 동사가 형용사 역할을 하도록 만든 것이에요. 문장 안에서 과거분사가 어떻게 쓰이는지 살펴봅시다.

> **명사를 꾸며주는 역할을 해요**

Look at the **surprised** girl! 놀란 소녀를 봐!

> **have, has, had와 결합해서 완료 시제를 나타내요**

이때 have[has, had]는 '가지다'의 뜻이 없어요.

The news **has surprised** the girl. 그 소식은 그 소녀를 놀라게 했다.

> **am, are, is, was, were의 be동사와 함께 써서 수동태를 나타내요**

The girl **was surprised** at the news.

그 소녀는 그 소식에 놀랐다.

3 이번에는 현재분사와 과거분사를 비교해 봅시다.

현재분사 (동사+ing)	과거분사 (동사+ed / 불규칙)
'~하고 있는'이란 뜻으로, 능동이나 진행 상태를 나타내요.	'~되어진, ~해진'이란 뜻으로, 수동이나 완료를 나타내요.

an **exciting** game
흥미진진한 시합

a **swimming** girl
수영하고 있는 소녀

the **excited** boys
열광하는 소년들

my **stolen** bike
도난당한 내 자전거

PRACTICE

다음 각 동사의 과거형과 과거분사형을 쓰세요. (221~222쪽의 동사 변화표를 참고하세요.)

 규칙 동사

동사원형	과거형 (~했다)	과거분사형 (~되어진, ~해진)	동사원형	과거형 (~했다)	과거분사형 (~되어진, ~해진)
1 play			9 study		
2 wait			10 taste		
3 stop			11 clean		
4 use			12 rain		
5 call			13 talk		
6 learn			14 work		
7 walk			15 visit		
8 live			16 wash		

불규칙 동사 Type 1

동사원형	과거형 (~했다)	과거분사형 (~되어진, ~해진)	동사원형	과거형 (~했다)	과거분사형 (~되어진, ~해진)
1 hit			4 put		
2 cut			5 cost		
3 shut			6 read		

불규칙 동사 Type 2

동사원형	과거형	과거분사형	동사원형	과거형	과거분사형
1 buy			4 bring		
2 fight			5 think		
3 teach			6 catch		

불규칙 동사 Type 3

동사원형	과거형	과거분사형	동사원형	과거형	과거분사형
1 make			7 have		
2 leave			8 find		
3 tell			9 meet		
4 sell			10 build		
5 hear			11 say		
6 lose			12 pay		

불규칙 동사 Type 4

	동사원형	과거형	과거분사형		동사원형	과거형	과거분사형
1	blow			6	throw		
2	draw			7	take		
3	fly			8	give		
4	eat			9	drive		
5	know			10	fall		

 불규칙 동사 Type 5

	동사원형	과거형	과거분사형		동사원형	과거형	과거분사형
1	swim			4	ring		
2	run			5	sing		
3	drink			6	begin		

 불규칙 동사 Type 6

	동사원형	과거형	과거분사형		동사원형	과거형	과거분사형
1	break			4	steal		
2	write			5	freeze		
3	ride			6	wear		

 불규칙 동사 Type 7

	동사원형	과거형	과거분사형		동사원형	과거형	과거분사형
1	be			4	choose		
2	go			5	come		
3	do			6	become		

2. 현재완료

1 현재완료 시제의 문장은 have 뒤에 과거분사(p.p.)를 씁니다. 주어가 he, she, it(3인칭 단수)일 때는 has를 써요. 과거 시제는 과거 사실만 알 수 있지만, 현재완료는 과거에 일어난 일이 현재까지 이어지는 것을 나타내요.

"나는 자전거를 한 대 샀다."

I **bought** a bike.
→ 과거에 자전거를 샀다는 의미. 하지만 현재 자전거가 있는지는 알 수 없어요.

I **have bought** a bike.
→ 최근에 자전거를 샀다는 의미. 그래서 현재 그 자전거를 가지고 있음을 나타내요.

"그녀는 학교에 갔다."

She **went** to school.
→ 과거에 학교에 갔다는 의미. 하지만 현재는 어디에 있는지 알 수 없어요.

She **has gone** to school.
→ 과거에 학교에 가서 현재에는 여기에 없음을 나타내요.

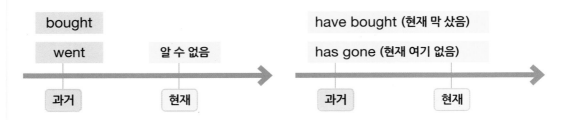

2 현재완료 문장을 우리말로 옮길 때 여러 가지 의미로 해석할 수 있어요. ① 과거 어느 시점에 일어난 일이 현재에 와서 끝(완료)나거나, ② 현재까지도 계속되는 것, 또는 ③ 현재까지 해본 적이 있는지에 대한 경험과 ④ 과거에 일어난 일이 현재에 미치는 영향(결과)을 나타냅니다. 그러나 그 구분이 언제나 명확한 것은 아니에요.

I have read the book.
have read는 여러 가지 의미를 가질 수 있어요.

정확한 의미는 문장에 붙어 있는 다른 살이나 문맥을 살펴서 파악해야 해요.

I have just **read** the book. 난 막 그 책을 읽었어. [완료]

I have read the book since 2015. 2015년 이후로 난 그 책을 읽어왔어. [계속]

I have read the book before. 난 전에 그 책을 읽어 본 적이 있어. [경험]

3 현재완료가 갖는 의미를 좀 더 자세히 살펴봅시다.

완료	과거에 시작한 일이 **현재에 끝(완료)**난 것을 나타냄 : (막) ~했다	I **have** just **finished** the work. 나는 막 그 일을 끝냈어.
계속	과거부터 **현재까지 계속**되고 있는 동작이나 상태를 나타냄: ~해 오고 있다	I **have been** here for 10 minutes. 나는 여기에 10분 있었어.
경험	과거부터 **현재까지 몇 번 경험**했는지 나타냄 : ~해 본 적이 있다	I **have** never **met** him. 나는 그를 만나 본 적이 없어.
결과	과거에 일어난 일인데 **현재에 결과**로 남아있는 일을 나타냄: (그 결과) ~로 남아 있다	He **has gone** to America. 그는 미국에 가 버렸어. (그래서 지금 한국에 없어.)

4 시제를 바꿔서 have의 과거형태인 had를 쓰면 과거완료로, 미래형태인 will have로 바꾸면 미래완료 시제로도 표현할 수 있어요. 말하고자 하는 시간이 다를 뿐 그 역할은 현재완료처럼 완료, 계속, 경험, 결과를 나타냅니다.

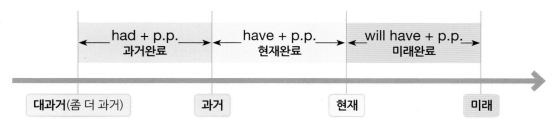

〈과거완료〉 He **had met** her before. 그는 그녀를 전에 만난 적이 있었다.

〈현재완료〉 He **has met** her three times. 그는 그녀를 세 번 만났다.

〈미래완료〉 He **will have known** her for five years next year.
내년이면 그는 그녀를 5년 간 알아 온 것이 될 것이다.

PRACTICE

과거분사를 이용하여 다음 우리말을 영어로 바르게 완성하세요. (221~222쪽의 동사 변화표를 참고하세요.)

1 비가 왔다.
(이전에 비가 왔다는 사실)
→ It has ＿＿＿＿＿＿ .

2 그녀는 가 버렸다.
(가서 지금 여기 없다.)
→ She has ＿＿＿＿＿＿ .

3 그들은 그 일을 했다.
(지금은 일을 끝낸 상태)
→ They have ＿＿＿＿＿＿ the work.

4 그 새는 날아가 버렸다.
(날아가고 지금은 없다.)
→ The bird has ＿＿＿＿＿＿ .

5 우리는 여기에서 살고 있다.
(전부터 쭉 살아오고 있다.)
→ We have ＿＿＿＿＿＿ here.

6 그 예술가는 자연을 그려왔다.
(과거부터 쭉 그려왔다.)
→ The artist has ＿＿＿＿＿＿ nature.

7 우리는 그 소녀를 2주 동안 알아왔다.
(전에 알아서 지금도 알고 지낸다.)
→ We have ＿＿＿＿＿＿ the girl for two weeks.

8 그 선생님은 우리에게 영어를 가르쳐 주고
계신다. (전부터 쭉 가르쳐 주신다.)
→ The teacher has ＿＿＿＿＿＿ English to us.

9 우리 어머니는 내 방을 청소하셨다.
(청소해 오다가 끝마친 상태)
→ My mother has ＿＿＿＿＿＿ my room.

10 우리는 컴퓨터를 사용해 오고 있다.
(전부터 쭉 사용해 왔다.)
→ We have ＿＿＿＿＿＿ computers.

11 그 나라들은 서로 싸워왔다.
(과거부터 계속 싸워왔다.)
→ The countries have ＿＿＿＿＿＿ each other.

12 제레미는 그 소식을 들었다.
(소식을 들어 알고 있다.)
→ Jeremy has ＿＿＿＿＿＿ the news.

B 다음 과거 시제 문장을 현재완료 시제 문장으로 바꿔 쓰세요.

1 He went.   → He _____.

2 Spring came.   → Spring _____.

3 You lost.   → You _____.

4 The students won.   → The students _____.

5 She visited.   → She _____.

6 The river froze.   → The river _____.

7 Mr. Kim left.   → Mr. Kim _____.

8 They sang.   → They _____.

9 We read.   → We _____.

C 다음 우리말을 현재완료 시제의 영어로 바르게 완성하세요.

1 나는 그 영화를 본 적 있다.   → I _____ the movie.

2 벤은 한국사를 공부해 왔다.   → Ben _____ Korean history.

3 너 많이 자랐구나.   → You _____ a lot.

4 인류는 달 표면을 걸은 적이 있다.   → Man _____ on the Moon.

5 영화가 (벌써) 시작되었다.   → The movie _____.

6 나는 새들에게 모이를 주어왔다.   → I _____ the birds.

7 많은 것들이 변했다.   → Many things _____.

힌트

see, start, feed, change, study, grow, walk

현재완료의 부정문 만드는 법

주어(S)	+	동사(V)	+	목적어(O)
I, You, We, They		have not played (haven't played)		baseball.
He, She, It		has not washed (hasn't washed)		the car.

▶ 현재완료(have/has + p.p.)의 부정문을 만들 때는 조동사로 쓰인 have/has 뒤에 not을 붙여주면 됩니다.

Quick Check 다음 동사를 부정형으로 고쳐 쓰세요. 단, 줄임말 형태로 쓰세요.

1 have flown → _____
2 has played → _____
3 have watched → _____

4 has written → _____
5 have cleaned → _____
6 have sung → _____

현재완료의 의문문 만드는 법

Have/Has	+	주어(S)	+	동사(V)	+	목적어(O)
Have		you, we, they		met		the girl?
Has		she, he, it		finished		it?

▶ 현재완료에는 조동사 역할을 하는 have/has가 있으므로 have/has만 주어 앞으로 내보내서 'Have/Has + 주어 + 과거분사 ~?' 형태로 의문문을 만듭니다.

Quick Check 동사에 유의하여 다음 문장을 의문문으로 고쳐 쓰세요.

1 David has worked. → _____ ?
2 You have read. → _____ ?
3 Jane has been sick. → _____ ?
4 The car has left. → _____ ?
5 The pain has gone. → _____ ?
6 The girls have wanted them. → _____ ?

1 피자가 왔다.

→ _____.
　그 피자가　　　　　　　도착했다

2 우리는 도넛을 두 개 먹었다.

→ _____.
　우리는　　　먹었다　　　　도넛 두 개를

3 나는 끔찍한 소식을 들었다.

→ _____.
　나는　　　들었다　　　　그 끔찍한 소식을

4 나는 그 영화를 봤다.

→ _____.
　나는　　　봤다　　　　그 영화를

5 빌(Bill)은 그 티켓을 사지 않았다.

→ _____.
　빌은　　　사지 않았다　　　그 티켓을

6 나는 결정하지 않았다.

→ _____.
　나는　　　　　결정하지 않았다

7 비가 멈추지 않았다.

→ _____.
　비가　　　　　멈추지 않았다

8 너희들은 저녁을 먹었니?

→ _____?
　　　너희들은　　먹은　　저녁 식사를

9 너는 화초에 물을 줬니?

▶ water (화초에) 물을 주다, 눈물이 나다, (입에) 군침이 돌다

→ _____?
　　　너는　　　물을 준　　　그 화초들을

힌트

동사　water, decide, buy (bought-bought), arrive, eat (ate-eaten), see (saw-seen), hear (heard-heard), stop

목적어　donut, movie, ticket, dinner, plants, news

1 나는 서울에서 살아왔다.

→ ＿＿＿＿＿＿＿＿＿＿＿＿＿＿＿＿ in Seoul.
　　나는　　　살아왔다

2 그는 여기에서 일해왔다.

→ ＿＿＿＿＿＿＿＿＿＿＿＿＿＿＿＿ here.
　　그는　　　일해왔다

3 나는 헨리(Henry)를 3년간 알아왔다.

→ ＿＿＿＿＿＿＿＿＿＿＿＿＿＿＿＿ for 3 years.
　　나는　　　알아왔다　　헨리를

4 박사들이 그것을 연구해왔다.
▶ doctors 박사들, study 연구하다

→ ＿＿＿＿＿＿＿＿＿＿＿＿＿＿＿＿ .
　　박사들이　　　연구해왔다　　　　그것을

5 내 시계가 며칠째 작동을 안하고 있어.
▶ work 일하다, (기계·장치 등이) 작동되다, 효과가 있다

→ ＿＿＿＿＿＿＿＿＿＿＿＿＿＿＿＿ in days.
　　내 시계가　　　작동하지 않고 있다

6 그는 약속을 지키지 않고 있다.
▶ keep one's word 약속을 지키다

→ ＿＿＿＿＿＿＿＿＿＿＿＿＿＿＿＿ .
　　그는　　　지키지 않고 있다　　　그의 약속을

7 그 집들은 비어 있지 않았다.

→ ＿＿＿＿＿＿＿＿＿＿＿＿＿＿＿＿ .
　　그 집들은　　　～이지 않아왔다　　　비어 있는

8 (날씨가 계속) 아주 추웠니?

→ ＿＿＿＿＿＿＿＿＿＿＿＿＿＿＿＿ ?
　　(비인칭주어)　　～이어온　　매우 추운

9 인류는 고기를 먹어왔니?
▶ humans 인류, meat(고기)는 셀 수 없는 명사

→ ＿＿＿＿＿＿＿＿＿＿＿＿＿＿＿＿ ?
　　인류는　　　먹은　　고기를

힌트

동사　work, live, keep (kept-kept), be (was/were-been), eat (ate-eaten), study,
　　　　know (knew-known)

목적어 / 보어　Henry, word, empty, meat, cold, it

Practice ❸ '경험' 의미의 현재완료 문장 만들기

1 나는 그 영화를 본 적이 있다.

→ _____ .

나는　　　　　　본 적이 있다　　　　그 영화를

2 그 소년은 말을 타 본 적이 있다.

→ _____ .

그 소년은　　　　타 본 적이 있다　　　　　　　말을

3 폴(Paul)은 다리가 부러진 적이 있다.

→ _____ .

폴은　　　　　부러뜨린 적이 있다　　　　그의 다리를

4 그는 운전해 본 적이 없다.

→ _____ .

그는　　　　　　　　운전해 본 적이 없다

5 우리는 그들을 만난 적이 없다.

→ _____ .

우리는　　　　만난 적이 없다　　　　그들을

6 너는 미국에 가 본 적이 있니?

→ _____ to America?

너는　　　　가 본

7 그는 한국을 방문한 적이 있니?

→ _____ ?

그는　　　　방문한　　　한국을

8 나는 연을 날려 본 적이 없다.

→ _____ .

나는　　　　날려 본 적이 없다　　　　연을

9 그들은 만리장성에 가 본 적이 있다.

→ _____ to the Great Wall.

그들은　　　　가 본 적이 있다

동사　see (saw-seen), be (was/were-been), visit, ride (rode-ridden), fly (flew-flown),
break (broke-broken), drive (drove-driven), meet (met-met)

목적어　movie, horse, leg, kite, them, Korea

1 수진(Sujin)이는 지갑을 잃어버렸다.
(그래서 지갑이 없다.)

➡ _____ .
수진이는   잃어버렸다   그녀의 지갑을

2 봄이 왔다.

➡ _____ .
봄이   왔다

3 짐(Jim)은 가버렸다. (그래서 여기 없다.)

➡ _____ .
짐은   가버렸다

4 메리(Mary)는 그 꽃병을 깨뜨리지 않았다.

➡ _____ .
메리는   깨뜨리지 않았다   그 꽃병을

5 필립(Philip)은 그 버스를 놓치지 않았다.

➡ _____ .
필립은   놓치지 않았다   그 버스를

6 나의 아버지는 새 차를 사시지 않았다.

➡ _____ .
나의 아버지는   사시지 않았다   새 차를

7 너는 그녀의 책을 찾았니?

➡ _____ ?
너는   찾은   그녀의 책을

8 너는 그 돈을 모두 써버렸니?

➡ _____ ?
너는   써버린   그 모든 돈을

9 그는 그의 열쇠를 잃어버렸니?

➡ _____ ?
그는   잃어버린   그의 열쇠를

힌트

동사 come (came-come), break (broke-broken), miss, buy (bought-bought), lose (lost-lost), spend (spent-spent), find (found-found), go (went-gone)

목적어 purse, vase, bus, car, book, money, key

완료의 의미와 함께 쓰는 표현으로 살 붙이기

just 막, 방금   **already** 이미   **yet** 벌써, 아직 (주로 의문문, 부정문과 함께)

▶ just와 already는 조동사 have와 과거분사 사이에 써요. yet은 주로 문장 끝에 써요.

Sue   has ↓ just   arrived . 수는 **막** 도착했다.

I   have ↓ already   finished   my homework . 나는 **이미** 숙제를 끝마쳤다.

The rain   hasn't stopped ↓. yet 비는 **아직** 그치지 않았다.

1   그들은 막 도착했다. (arrive)

→ _____ .

2   그 영화는 막 시작되었다. (start)

→ _____ .

3   그 버스는 이미 떠났다. ▶ leave-left-left

→ _____ .

4   그 콘서트는 막 시작하였다. (concert)

→ _____ .

5   그녀는 아직 샤워를 하지 못했다. (take a shower)

→ _____ .

6   그 수업은 벌써 시작했니? (class)

→ _____ ?

7   그 남자는 일본에 다녀왔다. ▶ be-was/were-been

⟶ _____.

8   나의 아버지는 서울에 쭉 계셨다.

⟶ _____.

9   그 디자이너는 파리로 가버렸다. (designer, Paris) ▶ go-went-gone

⟶ _____.

10   그는 그의 고향으로 가버렸다. (hometown)

⟶ _____.

11   나는 캐나다에 다녀오지 않았다. (Canada)

⟶ _____.

12   너는 학교에 (계속) 있었니?

⟶ _____?

경험의 의미와 함께 쓰는 표현으로 살 붙이기

ever 늘, 여태까지, 한 번이라도   **never** 결코 ~않은   **before** 전에

once 한 번   **twice** 두 번   **three times** 세 번

▶ 현재완료는 현재를 포함하는 시제이므로 분명한 과거를 나타내는 yesterday, last week, in 2015, two years ago 등의 부사(구)와 의문사 when과는 함께 쓸 수 없어요.

We have **never** met **before**.   우리는 **전에 결코** 만난 적이 없다.

He has visited Korea **once**.   그는 한국을 **한 번** 방문한 적이 있다.

Have you **ever** ridden a horse?   **한 번이라도** 말을 타 본 적이 있니?

---

13 너는 거짓말을 전혀 해 본 적이 없어? (tell a lie)

→ _____?

14 너는 전에 이 프로그램을 써 본 적이 있니? (use, program)

→ _____?

15 너는 전에 그를 본 적이 있니? ▶ see-saw-seen

→ _____

16 그는 런던에 두 번 다녀왔다. (London) ▶ be-was/were-been

→ _____.

17 그 소녀는 지갑을 한 번 잃어버린 적이 있다. (purse) ▶ lose-lost-lost

→ _____

계속의 의미와 함께 쓰는 표현으로 살 붙이기

for ~동안 [기간]	since ~이후로 (줄곧), ~부터 (과거 어느 시점)
for three days 3일 동안	**since** 9 o'clock 9시 이후로
for six months 6개월 동안	**since** last week 지난주 이후로
for many years 수년 동안	**since** I was six years old 6살 이후로
for a long time 오랫동안	**since** I moved to New York 뉴욕으로 이사 온 후로

We have lived here √. for many years   우리는 **수년 간** 여기 살고 있다.

My English has improved √. since I moved to New York   **뉴욕으로 이사 온 후로** 나의 영어는 늘었다.

---

18 6개월 동안 비가 내리지 않았다. (rain)

→ _____.

19 3일 동안 추웠다. (cold)

→ _____.

20 그 환자는 오랫동안 아팠다. (patient, sick)

→ _____.

21 우리는 9시 이후로 아무것도 먹지 못했다. (anything) ▶ eat-ate-eaten

→ _____.

22 어머니는 지난주부터 화초에 물을 주셨다. (water the plants)

→ _____.

1 다음 문장을 의문문으로 바꿔 쓰시오.

> You heard the news.

→ _____

2 다음 우리말을 영어로 쓰시오.

> 너의 남동생은 수영하고 있다.

→ _____

[3-4] 주어진 단어를 사용하여 우리말을 영어로 바꾸시오.

3
> Susan은 항상 늦는다. (always)

→ _____

4
> 나는 절대 울지 않을 것이다. (never)

→ _____

5 주어진 단어를 이용하여 다음 빈칸에 알맞은 말을 쓰시오.

1) We _____ TV every night.
   (not, watch)

2) The soup _____ salty. (not, taste)

[6-7] 다음 그림을 보고, 빈칸에 알맞은 말을 쓰시오.

6

A : Does she play the piano?
B : No, _____.
    She _____ a picture.

7

A : Are your brothers playing outside?
B : No, _____.
    They _____.

8 다음 각 문장에서 어법상 틀린 부분을 하나씩 찾아 바르게 고쳐 쓰시오.

> 1) He brush his teeth three times a week.
> 2) He was brush his teeth when I called.

1) _____ → _____

2) _____ → _____

9 다음 문장을 주어진 주어에 맞게 바꿔 쓰시오.

> 1) She wasn't cooking. (they)
> 2) Is a bird singing? (Many birds)

1) _____

2) _____

10 다음 밑줄 친 우리말에 해당하는 표현을 영어로 쓰시오.

1) 우리는 그녀를 <u>한 시간 전에</u> 만났다.

We met her _____ .

2) 나는 중국을 <u>작년에</u> 방문했다.

I visited China _____ .

11 다음 우리말에 알맞게 빈칸을 완성하시오.

> 점점 더 더워지고 있다.

→ _____ getting _____ and _____ .

12 다음 표를 보고 두 사람이 해 본 일을 영어 문장으로 나타내시오.

Mike	ride a horse	twice
Jane	be to America	once

1) Mike _____ .

2) Jane _____ .

13 주어진 단어를 이용하여 우리말을 영어로 쓰시오.

> 우리는 전에 결코 만난 적이 없다.
> (meet, never, before)

→ _____

14 다음 그림과 내용이 일치하도록 주어진 동사를 알맞은 형태로 고쳐 쓰시오.

> My mom and I have 1) _____ (live) in this house for many years. It hasn't 2) _____ (rain) for three weeks. So my mom has 3) _____ (water) the plants since last week.

15 다음 그림을 보고 주어진 단어를 바르게 배열하시오.

> left, bus, has, already, The

→ _____

16 다음 우리말에 맞게 주어진 단어를 바르게 배열하시오.

> 우리는 9시 이후로 아무것도 먹지 못했다.
> (haven't, We, eaten, since, anything, nine)

→ _____

PART 9

조동사

1. 조동사

1 조동사는 조(助, 도울 조)라는 한자의 의미처럼, 동사가 여러 가지 뜻을 나타내도록 도와주는 역할을 합니다. 앞에서 배운 will도 조동사에 해당돼요. 조동사의 특성에 대해 먼저 알아봅시다.

> **조동사는 항상 동사 앞에 쓴다** 이때 동사는 항상 원형으로 써요.

can is (×)
→ can be

must goes (×)
→ must go

should ate (×)
→ should eat

> **조동사는 주어의 인칭이나 수(단수인지 복수인지)의 영향을 받지 않는다**

주어가 3인칭 단수인 경우에도 조동사 뒤에는 -s를 붙이지 않아요. 즉, 조동사는 항상 같은 형태로만 씁니다.

> **여러 조동사들을 겹쳐 쓸 수 없다**

She mays come. (×)
→ She may come.

He musts read. (×)
→ He must read.

will may bring (×)
→ will bring / may bring

2 조동사를 쓸 때는 우리말 순서와 반대로 써요. 다음 예를 보고 우리말과 영어 순서를 비교해 보세요.

can   must
may   should   +   동사원형

가야만 한다
must go

청소해야 한다
should clean

뛸 수 있다
can jump

날 수 있다
can fly

비가 올지도 모른다
may rain

전화할지도 모른다
may call

PRACTICE

A 다음 표현 중 잘못된 부분을 바르게 고치세요.

1 cans see   → _____

2 may walked   → _____

3 can to learn   → _____

4 must does   → _____

5 must are   → _____

6 could studies   → _____

7 must came   → _____

8 could writes   → _____

9 mays can buy   → _____

10 will coming   → _____

B 다음 주어진 조동사를 이용하여 우리말 표현을 영어로 옮기세요.

1 can 볼 수 있다 →

2 could 볼 수 있었다 →

3 should 봐야 한다 →

4 may 볼지도 모른다 →

5 will 춤출 것이다 →

6 may 춤출지도 모른다 →

7 can 춤출 수 있다 →

8 must 춤을 춰야만 한다 →

9 may 보여줄지도 모른다 →

10 could 걸을 수 있었다 →

11 should 배워야 한다 →

12 must 지켜야 한다 →

> **힌트**
> see, learn, walk, dance, show, keep

2. 조동사 can, could

1 조동사 can은 '~할 수 있다'는 의미로 능력과 가능성을 나타내요.

주어 ── **can** ~할 수 있다 ┬ **fly** 날다
                            ├ **drive** 운전하다
                            └ **answer** 대답하다

Birds **can** fly. 새들은 날 수 있다.

She **can** drive a car. 그녀는 차를 운전할 줄 안다.

I **can** answer the question. 난 그 질문에 답할 수 있다.

2 능력에 대해 말할 때는 can 대신 be[am, are, is] able to로 바꿔 쓸 수 있어요.

I **can** answer the question.

= I **am able to** answer the question.

She **can** drive a car.

= She **is able to** drive a car.

3 조동사 can은 '~해도 좋다'는 허가의 의미를 나타낼 때도 써요. 이 경우에는 조동사 may와 바꿔 쓸 수 있어요.

주어 ── **can** ~해도 좋다 ┬ **go** 가다
                            ├ **use** 사용하다
                            └ **have** 가지다

You **can(= may)** go home. 너는 집에 가도 좋다(가도 돼).

She **can(= may)** use the pen. 그녀는 그 펜을 사용해도 돼.

You **can(= may)** have anything. 뭐든지 가져도 돼.

4 could는 can의 과거형으로 '~할 수 있었다'라는 뜻이에요.

주어 —— **could** ┌ **solve** 풀다, 해결하다
　　　　　~할 수 있었다 ├ **make** 만들다
　　　　　　　　　　　　└ **catch** 잡다

I **could** solve the problem.　나는 그 문제를 풀 수 있었다.

They **could** make a snowman.　그들은 눈사람을 만들 수 있었다.

The bird **could** catch the worm.　그 새는 벌레를 잡을 수 있었다.

> **Plus**　이때 could 대신 was[were] able to로 바꿔 쓸 수 있어요.
>
> I **could** solve the problem.
>
> = I **was able to** solve the problem.
>
> They **could** make a snowman.
>
> = They **were able to** make a snowman.

5 '~할 수 있을 것이다'라고 미래에 할 수 있는 것을 말할 때는 can을 쓰지 않고 will be able to를 이용해요.

I **will be able to** do more work tomorrow.　내일은 더 많은 일을 할 수 있을 것이다.

She **will be able to** get a scholarship.　그녀는 장학금을 받을 수 있을 것이다.

할 수 있는 일에 대해 말할 때, 시제에 따라 어떻게 표현하는지 다시 정리해 봅시다.

[현재] ~할 수 있다　　　　can, am/are/is able to
[과거] ~할 수 있었다　　　could, was/were able to
[미래] ~할 수 있을 것이다　will be able to

A 주어진 우리말을 can, could를 써서 영어로 표현해 보세요. ▶ 조동사는 주어의 영향을 받지 않아요.

1 날 수 있다 → _____

2 구입할 수 있다 → _____

3 와도 좋다 → _____

4 해도 좋다 → _____

5 열 수 있다 → _____

6 기다릴 수 있다 → _____

7 쓸 수 있다 → _____

8 빌릴 수 있다 → _____

9 통과할 수 있었다 → _____

10 고칠 수 있었다 → _____

11 초대할 수 있었다 → _____

12 머물 수 있었다 → _____

13 바꿀 수 있었다 → _____

14 될 수 있었다 → _____

15 만들 수 있었다 → _____

16 요리할 수 있었다 → _____

B 다음 동사를 can, could를 이용해서 다시 쓰세요.

1 am able to open → _____

2 is able to make → _____

3 was able to win → _____

4 were able to cook → _____

5 was able to read → _____

6 is able to lift → _____

7 are able to swim → _____

8 was able to play → _____

9 was able to hold → _____

10 were able to help → _____

164

C 다음 각 문장의 동사 부분을 be able to를 이용하여 과거와 미래에 대한 표현으로 고치세요.

1 We can find the lost dog.

[과거] We _____ the lost dog.

[미래] We _____ the lost dog.

2 Engineers can design safer buildings.

[과거] Engineers _____ safer buildings.

[미래] Engineers _____ safer buildings.

3 The scientist can travel to the moon.

[과거] The scientist _____ to the moon.

[미래] The scientist _____ to the moon.

D 주어진 동사와 적절한 조동사를 이용하여 영어 문장을 완성하세요.

buy   meet   get up   move   pass   win   read   send

1 나는 이메일을 보낼 수 있다.   → I _____ an e-mail.

2 너는 이 책들을 읽어도 좋다.   → You _____ these books.

3 우리 팀은 그 경기를 이길 수 있다.   → My team _____ the game.

4 그는 그 시험을 통과할 수 있었다.   → He _____ the test.

5 그들은 그 바위를 옮길 수 있다.   → They _____ the rock.

6 너는 내일 늦게 일어나도 좋다.   → You _____ late tomorrow.

7 우리는 언제든 그녀를 만날 수 있었다.   → We _____ her any time.

8 그 남자는 큰 집 한 채를 살 수 있었다.   → The man _____ a big house.

3. 조동사 must, should

1 조동사 must는 '(꼭) ~해야만 한다'의 의미로 필요나 의무를 나타내요.

I **must** go to school.   나는 학교에 꼭 가야 한다.

You **must** study English.   너는 반드시 영어를 공부해야 한다.

She **must be** here tonight.   그녀는 오늘밤 여기에 꼭 있어야 한다.

2 조동사 must는 '~임에 틀림없다, 분명히 ~이다'라는 확실한 추측을 나타낼 때에도 쓰여요.

He **must** be rich!   그는 부자인 게 틀림없어!

She **must** know the secret.   그녀는 그 비밀을 아는 게 틀림없어.

You **must** be lying.   너는 거짓말하고 있는 게 분명해.

Plus 문장 안에서 must가 의무를 나타내는지 추측을 나타내는지는 앞뒤 문맥을 통해 자연스러운 쪽으로 해석하면 돼요.

Do you want to pass the test? Then you must know this. (의무)
시험에 통과하길 원하니? 그러면 이것을 알아야만 해.

She looks surprised. She must know the secret. (추측)
그녀는 놀란 듯 보인다. 그녀가 그 비밀을 아는 게 분명해.

3 필요나 의무를 나타내는 must 대신에 have[has] to를 쓸 수 있어요. must는 과거형이 따로 없기 때문에 과거의 일에 대해 필요나 의무를 말할 때는 have[has] to를 이용하여 had to(~해야만 했다)라고 표현해야 해요. 이때 have는 '가지다'라는 뜻이 아니에요.

주어 —— **have to** —┬— **sell** 팔다
~해야 한다 └— **know** 알다

현재의 일

He **must** sell his car. 그는 그의 차를 팔아야만 한다.
= He **has to** sell his car.

과거의 일

He **had to** sell his car. 그는 그의 차를 팔아야만 했다.

미래의 일

He **will have to** sell his car. 그는 그의 차를 팔아야만 할 것이다.

4 조동사 should는 '~해야 한다, ~하는 게 좋겠다'라는 의미로 도덕적 · 양심적인 의무나 충고를 할 때 사용하는 표현입니다. '꼭, 반드시' 해야 하는 의무를 나타내는 must보다는 강제성이 약한 표현이에요.

주어 —— **should** —┬— **call** 전화하다
~하는 게 좋겠다 ├— **buy** 사다
└— **talk** 말하다

He **should** call the police. 그는 경찰에 전화하는 게 좋겠어요.
You **should** buy a new phone. 당신은 새 전화기를 사야겠어요.
She **should** talk to the manager. 그녀는 매니저에게 말하는 편이 좋겠어요.

PRACTICE

A 다음 문장을 have[has] to를 이용해서 다시 쓰세요.

1 I must leave.   ➡ I _____ .

2 We must hurry.   ➡ We _____ .

3 She must answer.   ➡ She _____ .

4 David must wash.   ➡ David _____ .

5 My friends must wait.   ➡ My friends _____ .

6 Mr. Kim must help.   ➡ Mr. Kim _____ .

B 의무나 필요를 나타내는 문장에는 have[has] to나 had to를, 확실한 추측을 나타내는 문장에는 must를 이용하여 영어 문장을 완성하세요.

stand	wait	be	walk	be	wash	clean	help

1 나는 내 방을 청소해야 한다.   ➡ I _____ my room.

2 너는 네 발을 닦아야 해.   ➡ You _____ your feet.

3 수는 여기 서 있어야만 했다.   ➡ Sue _____ up here.

4 우리는 그들을 도와야 했다.   ➡ We _____ them.

5 그는 길을 따라 걸어가야 한다.   ➡ He _____ along the street.

6 그 개는 배고픈 게 틀림없어.   ➡ The dog _____ hungry.

7 그들은 선생님을 기다려야 했다.   ➡ They _____ for their teacher.

8 그녀는 아픈 게 틀림없어.   ➡ She _____ sick.

주어진 단어와 함께 must를 이용하여 추측을 나타내는 문장을 완성하세요.

love　　sleepy　　your mistake　　smart　　mad　　thirsty　　some reasons

1　그는 졸린 게 틀림없어.　　→ He _____ .

2　그것은 사랑인 게 분명해.　　→ It _____ .

3　그것은 분명 너의 실수야.　　→ It _____ .

4　그는 제정신이 아닌 게 틀림없어.　　→ He _____ .

5　그 고양이는 목마른 게 분명해.　　→ The cat _____ .

6　그 소녀는 분명 똑똑하겠어.　　→ The girl _____ .

7　분명 이유가 있을 거야.　　→ There _____ .

주어진 동사와 함께 should를 이용하여 의무나 충고를 나타내는 문장을 완성하세요.

call　　exercise　　see　　stop　　save　　finish　　go

1　그녀는 매일 운동을 해야겠다.　　→ She _____ every day.

2　메리는 치과 의사를 만나보는 게 좋겠어.　　→ Mary _____ a dentist.

3　우리는 물을 아껴 써야 한다.　　→ We _____ water.

4　나는 그녀에게 전화해야겠어.　　→ I _____ her.

5　너는 그것을 5시까지 끝내는 게 좋겠다.　　→ You _____ it by five.

6　불평은 그만두는 게 좋겠어.　　→ You _____ complaining.

7　우린 지금 가야 해.　　→ We _____ now.

4. 조동사 may

1 조동사 may는 '~일[할]지도 모른다'는 의미로 가능성이나 확실하지 않은 추측을 나타낼 때 써요.

It **may** rain tomorrow. 내일 비가 올지도 모른다.

He **may** lie to you. 그는 네게 거짓말을 할 수도 있다.

They **may** win this time. 그들이 이번에는 이길지도 모른다.

Plus 추측의 의미로 쓰이는 may 대신에 **might**를 쓸 수 있어요. 조동사 **might**는 모양은 과거형이지만 may와 같은 의미로 쓰여요.

2 조동사 may는 '~해도 좋다, ~해도 된다'는 의미로 허가나 허락을 나타내기도 해요. 허가를 나타내는 can보다는 좀 더 격식을 갖춘 표현이에요.

You **may** come in. 들어와도 좋아요.

Visitors **may** use the swimming pool. 방문객들은 수영장을 사용해도 됩니다.

Students **may** borrow the books. 학생들은 그 책들을 빌려가도 됩니다.

Plus 조동사 may가 문장에서 추측과 허가의 두 가지 의미로 해석이 가능한 경우가 있어요. 이때는 앞뒤 문장의 문맥을 보고 정확한 뜻을 파악해야 해요.

다음 각 문장에 조동사 may를 넣어 확실하지 않은 추측을 표현하는 문장을 만드세요.

1 She is at home.　　→ She _____ at home.

2 I will play soccer tomorrow.　　→ I _____ soccer tomorrow.

3 Tina is very sick.　　→ Tina _____ very sick.

4 It is going to rain today.　　→ It _____ today.

5 We are too late.　　→ We _____ too late.

6 I have time on Saturday.　　→ I _____ time on Saturday.

 주어진 동사와 조동사 may를 이용하여 추측이나 허락을 나타내는 문장을 바르게 완성하세요.

| snow | borrow | finish | be | leave | invite | choose | stay |

1 그녀는 늦을지도 모른다.　　→ She _____ late.

2 메리가 지금 떠날지도 모른다.　　→ Mary _____ now.

3 내일 눈이 올지도 모른다.　　→ It _____ tomorrow.

4 그들이 우리를 초대할지도 모른다.　　→ They _____ us.

5 너는 그것을 내일까지 끝내도 된다.　　→ You _____ it by tomorrow.

6 너는 이 책들을 빌려가도 된다.　　→ You _____ these books.

7 화이트 씨는 호텔에 머물지도 모른다.　　→ Mr. White _____ at the hotel.

8 좋아하는 어떤 것이든 선택해도 된다.　　→ You _____ anything you like.

조동사의 부정문 만드는 법

주어(S) + 조동사 **NOT** + 동사원형

모든 주어

cannot, can't
must not, mustn't
should not, shouldn't
may not

▶ 조동사가 들어간 문장의 부정문을 만들 때는 조동사 뒤에 not만 추가하면 돼요. 이때 조동사와 not을 합쳐서 한 단어로 줄여 쓰기도 해요. have[has] to의 경우에는 do/does/did를 사용해서 부정문을 만들어요.
▶ cannot은 단어를 띄어 쓰지 않아요. may not은 축약형이 없어요.

Quick Check 주어진 문장을 참고하여 부정형을 만들어 보세요. 단, 줄임말 형태로 고치세요.

A. She helps them.

1 도울 수 없다 (can) ➡ She _____ them.

2 도울 수 없었다 (could) ➡ She _____ them.

3 (도덕적으로) 도와서는 안 된다 (should) ➡ She _____ them.

4 돕지 않을지도 모른다 (may) ➡ She _____ them.

5 도울 필요가 없다 (have to) ➡ She _____ them.

B. He will go.

1 갈 필요가 없다 (have to) ➡ He _____ .

2 갈 필요가 없었다 (had to) ➡ He _____ .

3 (반드시) 가서는 안 된다 (must) ➡ He _____ .

4 가지 않을지도 모른다 (may) ➡ He _____ .

5 갈 수 없었다 (could) ➡ He _____ .

| Can Could May Should | + | 주어(S) | + | 동사원형 | ~? |

| Do/Does/Did | + | 주어(S) | + | have to | + | 동사원형 | ~? |

▶ 조동사가 들어간 문장의 의문문을 만들 때는 조동사를 주어 앞으로 보내 주면 돼요. 이때 조동사의 첫 글자를 대문자로 써 주세요.

▶ have[has] to가 쓰인 문장의 의문문을 만들 때는 Do/Does/Did를 문장 맨 앞에 쓰고 주어 뒤에 have to + 동사원형을 씁니다.

Quick Check 동사 help와 go를 이용하여 우리말에 맞는 영어 문장을 완성하세요.

A. help

1 그를 좀 도와줄 수 있니? (can)
➡ _____ you _____ him?

2 그녀가 그를 도울 수 있었니? (could)
➡ _____ she _____ him?

3 제가 도와드릴까요? (may)
➡ _____ I _____ you?

4 그녀가 그를 도와야 했니? (have to)
➡ Did she _____ _____ _____ him?

5 (당신이) 그를 좀 도와주시겠어요? (can)
➡ _____ you _____ him?

6 제가 그를 도와야 할까요? (should)
➡ _____ I _____ him?

B. go

1 그는 동물원에 갈 수 있니? (can)
➡ _____ he _____ to the zoo?

2 그는 학교에 갈 수 있었니? (could)
➡ _____ he _____ to school?

3 그는 학교에 가야만 했니? (have to)
➡ Did he _____ _____ _____ to school?

4 제가 도서관에 가야만 할까요? (should)
➡ _____ I _____ to the library?

5 제가 동물원에 가도 될까요? (may)
➡ _____ I _____ to the zoo?

6 그는 그곳에 갈 수 있었니? (could)
➡ _____ he _____ there?

cannot (can't) + 동사원형 [능력] ~할 수 없다 [부정적 추측] ~일 리가 없다	I can't speak Japanese. 나는 일본어를 할 줄 모른다. It cannot be true. 그건 사실일 리가 없다.
could not (couldn't) + 동사원형 [불가능] ~할 수 없었다	She couldn't lift the box. 그녀는 그 상자를 들어올릴 수 없었다.
Can + 주어 + 동사원형 ~? [능력] ~할 수 있니? [추측] 도대체 ~일까?	Can you speak Chinese? 너는 중국어를 할 수 있니? Can it be true? 그게 사실일까?
Can you + 동사원형 ~? [요청] ~해 주겠니? **Could you + 동사원형 ~?** [공손한 요청] ~해 주실래요?	Can you help me? 나 좀 도와줄래? Could you open the door? 문 좀 열어 주실래요?
Can I + 동사원형 ~? [허가] ~해도 될까요?	Can I help you? 제가 도와드릴까요?

★ 능력, 가능성

1 그 소녀는 악보를 읽을 수 있다.

→ _____ .
그 소녀는   읽을 수 있다   악보를

2 탐(Tom)은 올 수 있다.

→ _____ .
탐은   올 수 있다

3 그녀는 트럭을 운전할 수 있다.

→ _____ .
그녀는   운전할 수 있다   트럭을

4 나는 그의 질문을 이해할 수 없었다.

→ _____ .
나는   이해할 수 없었다   그의 질문을

5 나는 마지막 문제를 풀지 못했다.

→ _____ .
나는   풀지 못했다   그 마지막 문제를

힌트

동사 understand, read, come, drive, solve
목적어 truck, the music, question

6 내 목소리가 들려?

→ _____ ?

~할 수 있니   너는   듣다   나를

7 우리 할아버지는 수영할 줄 모르신다.

→ _____ .

나의 할아버지는   수영할 줄 모르신다

8 우리 아버지는 3개국어를 말할 수 있었다.

→ _____ .

나의 아버지는   말할 수 있었다   3개국어를

★ 허가[허락], 요청

9 앉아도 될까요?

→ _____ ?

~해도 될까요   제가   앉다

10 이 책 좀 빌려도 되겠니?

→ _____ ?

~해도 되겠니   내가   빌리다   이 책을

11 피자를 한 판 주문해 줄래?

→ _____ ?

~해줄래   너는   주문하다   피자 한 판을

12 소금 좀 건네주시겠습니까?

→ _____ ?

~해주시겠습니까   당신은   건네주다   저에게   그 소금을

★ (부정적) 추측

13 그 답은 틀릴 수도 있다.

→ _____ .

그 답은   ~일 수도 있다   틀린

14 둘 다 사실일 수 있다.

→ _____ .

둘 다   ~일 수 있다   사실인

15 그것은 사실일 리 없다.

→ _____ .

그것이   ~일 리 없다   사실인

16 그 소문이 틀릴 수도 있니?

→ _____ ?

~일 수도 있니   그 소문이   ~이다   틀린

힌트

동사(구)   swim, speak, sit down, borrow, order, pass, be, hear

목적어 / 보어 language, book, pizza, salt, wrong, true, me

must not (mustn't) + 동사원형 [금지] ~해서는 안 된다	You mustn't tell a lie. 너는 거짓말을 해서는 안 된다.
Must + 주어 + 동사원형 ~? [의무] ~해야 하니?	Must I choose now? 내가 지금 선택해야 하니?

★ 의무, 필요

1 나는 그 규칙들을 지켜야만 한다.
▶ keep the rules 규칙을 지키다

→ _____ _____ _____ .
나는 　　　　　　지켜야만 한다　　　　　　그 규칙들을

2 우리는 조용히 해야 해?
▶ be quiet 조용히 하다

→ _____ _____ _____ ?
~이어야 하니　　　　　우리는　　　　　　조용한

3 너희들은 안전벨트를 매야 해.
▶ wear seat belts 안전벨트를 매다

→ _____ _____ _____ .
너희들은　　　　　　매야 한다　　　　　안전벨트를

★ 강한 추측

4 그녀는 아픈 게 분명해.

→ _____ _____ _____ .
그녀는　　　　　　분명히 ~이다　　　　　아픈

5 너는 그녀를 좋아하는 게 틀림없어.

→ _____ _____ _____ .
너는　　　　좋아하는 것임에 틀림없다　　　그녀를

6 그는 분명 선생님일 거야.

→ _____ _____ _____ .
그는　　　　　~임에 틀림없다　　　　　선생님

★ 금지

7 길을 건너서는 안 된다.
▶ cross the road 길을 건너다

→ _____ _____ _____ .
너는　　　　건너서는 안 된다　　　　그 길을

8 여기서는 사진을 찍어서는 안 된다.
▶ take pictures 사진을 찍다

→ _____ _____ _____ here.
너는　　　찍어서는 안 된다　　　사진들을

Practice ❸ have to 문장 만들기

don't/doesn't/didn't have to + 동사원형 [불필요] ~할 필요가 없다	You don't have to go there. 너는 거기에 갈 필요 없다. She didn't have to do that. 그녀는 그것을 할 필요가 없었다.
Do/Does/Did + 주어 + have to + 동사원형 ~? [의무] ~해야 하니?	Do you have to go now? 너는 지금 가야 하니? Does she have to work today? 그녀는 오늘 일해야 하나요? Did they have to stay here? 그들은 여기 머물렀어야 했니?

▶ must not은 '~해서는 안 된다'라는 금지의 내용이 담겨 있지만, don't have to는 '~할 필요 없다, ~하지 않아도 된다'라는 불필요를 나타내요.

★ 의무, 필요

1 너는 여권을 보여줘야 한다.
▶ passport 여권

➡ _____ _____ _____ .
　너는　　　　보여줘야 한다　　　　너의 여권을

2 너는 진찰을 받아야 한다.
▶ see the doctor 진찰을 받다

➡ _____ _____ _____ .
　너는　　　　봐야 한다　　　　의사를

3 아이들은 야채를 먹어야 한다.
▶ vegetables 야채

➡ _____ _____ _____ .
　아이들은　　　　먹어야 한다　　　　야채들을

4 그는 지하철을 기다려야만 했다.
▶ wait for the subway 지하철을 기다리다

➡ _____ _____ _____ .
　그는　　　　기다려야만 했다　　　　그 지하철을

5 제가 그 교실을 청소해야 하나요?
▶ clean 청소하다

➡ _____ _____ _____ ?
　제가　　　청소해야 한다　　　그 교실을

★ 불필요

6 그녀는 양손을 사용할 필요가 없었다.
▶ use both hands 양손을 사용하다

➡ _____ _____ _____ .
　그녀는　　　　사용할 필요가 없었다　　　　양손을

7 너는 교복을 입을 필요가 없다.
▶ a school uniform 교복

➡ _____ _____ _____ .
　너는　　　　입을 필요가 없다　　　　교복을

8 그는 걱정할 필요가 없었다.
▶ worry 걱정하다

➡ _____ _____ .
　그는　　　　걱정할 필요가 없었다

| should not + 동사원형 (shouldn't)
[의무] ~하면 안 된다
[충고] ~하지 않는 편이 좋겠다 | You shouldn't eat too much. 너는 너무 많이 먹어서는 안돼. |
| should + 주어 + 동사원형 ~?
[의무, 충고, 조언] ~해야 할까? | Should I take the bus? 그 버스를 타야 할까요? |

★ 의무, 충고, 조언

1 너는 친절해야 한다.

➡ _____ _____ _____ .

　　너는　　　　　　~해야 한다　　　　　　친절한

2 메리(Mary)는 운동을 하는 게 좋겠어.

➡ _____ _____ .

　　메리는　　　　　　운동을 하는 게 좋겠어.

3 우리는 물을 아껴야 한다.

▶ save water 물을 아끼다

➡ _____ _____ _____ .

　　우리는　　　　　　아껴야 한다　　　　　　물을

4 너희들은 늦어서는 안돼.

➡ _____ _____ _____ .

　　너희들은　　　　　~해서는 안 된다　　　　늦은

5 우리는 노인들을 존경해야 해.

▶ respect the old 노인들을 존경하다

➡ _____ _____ _____ .

　　우리는　　　　　　존경해야 한다　　　　　노인들을

6 우리는 시간을 낭비하면 안돼.

▶ waste time 시간을 낭비하다

➡ _____ _____ _____ .

　　우리는　　　　　　낭비하면 안 된다　　　　시간을

7 우리가 기차를 타야 하나요?

➡ _____ _____ _____ _____ ?

　　~해야 하나요　　우리가　　　　　타다　　　　　그 기차를

8 제가 그에게 전화해야 하나요?

➡ _____ _____ _____ _____ ?

　　~해야 하나요　　제가　　　　　전화하다　　　그에게

Practice ⑤ may 문장 만들기

may not + 동사원형 [약한 추측] ~아닐 수도 있다	This may not be yours. 이것은 당신의 것이 아닐 수도 있다.
May I + 동사원형 ~? [허가] 내가 ~해도 될까요?	May I see the menu? 메뉴판 좀 봐도 될까요?

★ 불확실한 추측

1 비가 내릴지도 모른다.

➡ _____.
　(비인칭주어)　　　비가 내릴지도 모른다

2 그것이 이상하게 들릴지도 모른다.
▶ sound strange 이상하게 들리다

➡ _____.
　그것이　　　들릴지도 모른다　　　이상한

3 그가 널 좋아할지도 몰라.

➡ _____.
　그가　　　좋아할지도 몰라　　　너를

4 그 소식은 사실이 아닐지도 모른다.
▶ news 소식, true 사실의

➡ _____.
　그 소식은　　　~이 아닐지도 모른다　　　사실인

5 그녀는 그들을 초대 안 할지도 모른다.
▶ invite 초대하다

➡ _____.
　그녀는　　　초대 안 할지도 모른다　　　그들을

★ 허가[허락]

6 내 전화기를 써도 돼.

➡ _____.
　너는　　　사용해도 돼　　　내 전화기를

7 (당신의) 표를 좀 봐도 될까요?

➡ _____?
　~해도 될까요　　제가　　　보다　　　당신의 표를

8 당신 펜 좀 빌려도 될까요?
▶ borrow 빌리다

➡ _____?
　~해도 될까요　　제가　　　빌리다　　　당신의 펜을

시간을 나타내는 표현으로 살 붙이기 I

for + 구체적인 숫자 (~동안)	during + 특정 기간 (~동안)
for a while 잠시 동안	**during** the exam 시험 중에
for half an hour 30분 동안	**during** the trip 여행 중에
for two hours 2시간 동안	**during** the winter 겨울 동안
for a week 한 주 동안	**during** the vacation 방학 동안

▶ 전치사 for와 during은 '~동안'이라는 의미지만 for 뒤에는 구체적인 숫자가 나오고, during 뒤에는 사건이나 특정 기간을 나타내는 명사가 쓰입니다.

Can we stay here ↘? for a while

우리가 **잠시** 여기 머물 수 있을까요?

★ can

1 너는 시험 중에는 휴대폰을 가지고 있을 수 없다. (have, cell phone)

→ _____ .

2 나는 여행하는 동안 엽서를 보낼 수 있다. (send, postcards)

→ _____ .

3 두 시간 동안 네 자전거 좀 빌려도 되니? (borrow, bike)

→ _____ ?

4 그 소년은 5분 동안 잠수할 수 있다. (dive, five minutes)

→ _____ .

★ must

5 곰들은 겨울 동안 잠을 자야만 한다. (sleep)

→ _____ .

6 우리는 두 시간 동안 기다려야 한다. (wait)

→ _____ .

7 너는 시험 중에 말해서는 안 된다. (talk)

→ _____ .

★ have to

8 나는 3일 동안 시험을 쳐야 한다. ▶ take an exam 시험을 치다

→ _____ .

9 우리는 30분 동안 뛰어야 하니? (run)

→ _____ ?

10 여러분들은 두 시간 동안 기다려야 합니다.

→ _____ .

★ should

11 너는 한 주 동안 쉬는 게 좋겠다. (rest)

→ _____ .

12 너는 여행하는 동안 기록을 하는 게 좋겠다. ▶ take notes 메모하다, 기록하다

→ _____ .

13 우리는 낮 동안 불을 꺼야 한다. (light, day) ▶ turn off 불을 끄다

→ _____ .

★ may

14 3일 동안 두통이 있을 수도 있다. (have a headache)

→ _____.

15 그 식당은 연휴 동안 문을 열 수도 있다. (restaurant, open, holidays)

→ _____.

16 이번 감기는 며칠 동안 계속될 수도 있다. (cold, last, a few days)

→ _____.

시간을 나타내는 표현으로 살 붙이기 Ⅱ

by ~까지 (완료)	**until ~까지 (계속)**
by tomorrow 내일까지	**until** midnight 한밤중까지
by Monday 월요일까지	**until** Friday 금요일까지
by 5 5시까지	**until** 3 (o'clock) 3시까지
by 8:30 8시 30분까지	**until** 2015 2015년까지

▶ 전치사 by와 until은 '~까지'라는 의미이지만 by는 '종료', '완료'를 나타내는 동사 (come, do, finish, close, arrive)와 함께 쓰고, until은 '계속'을 나타내는 동사 (live, sleep, read, work, wait, last, don't stop[move])와 함께 써요.

Mr. White | had to wait ↓ . [until 10 o'clock]

화이트 씨는 **10시까지** 기다려야만 했다.

★ can

17 나는 8시 30분까지 올 수 있다.

→ _____.

18 금요일까지 그 비밀을 지켜 주실래요? (could, keep, secret)

→ _____ ?

19 나는 내일까지 이 일을 끝낼 수 없다. (finish, this work)

→ _____ .

20 3시까지 당신 컴퓨터를 사용해도 될까요? (use, computer)

→ _____ ?

★ must

21 그 티켓은 내일까지 여기에 도착해야 한다. (arrive)   ▶ 문장에서 부사(구)의 순서 : 장소 + 시간

→ _____ .

22 그녀는 5시까지는 아무것도 먹어서는 안 된다. (eat, anything)

→ _____ .

23 우리 가족은 2020년까지 중국에서 살아야 한다. (live, in China)

→ _____ .

★ have to

24 나는 내일까지 그 책을 읽어야 한다. (read)

→ _____ .

25 우리는 한밤중까지 기다려야 했다. (wait)

→ _____ .

26 그녀는 금요일까지 일할 필요가 없다.

→ _____ .

27 너는 8시 30분까지 도착해야 하니?

→ _____ ?

★ should

28 6시 30분까지 집에 와야 하나요?

→ _____ ?

29 목요일까지 비를 기대해서는 안 된다. (expect, Thursday)

→ _____ .

30 당신은 5시까지 그것을 끝내는 것이 좋겠어요. (finish)

→ _____ .

★ may

31 그것을 2시 30분까지 빌려도 될까요? (borrow)

→ _____ ?

32 그들은 5시까지 안 올지도 모른다. (come)

→ _____ .

33 일요일까지 눈이 (계속) 내릴지도 모른다.

→ _____

장소를 나타내는 표현으로 살 붙이기

at ~(지점)에	in ~(안)에
at work 일하고 있는	**in** bed 잠을 자고 있는
at home 집에	**in** the hospital 병원에 입원 중인
at the bus stop 버스 정류장에서	**in** the library 도서관에서
at the store 가게에서	**in** the kitchen 부엌에서
at the theater 극장에서	**in** Paris 파리에서

▶ 전치사 at과 in은 장소를 나타낼 때 구별해서 써요. at은 어떤 지점을 점으로 표현할 때 쓰고, in은 어떤 정해진 공간 안에 있을 때, 그리고 넓고 큰 장소 앞에 붙여 줍니다.

You	can read	these books	↳ .	in the library

너는 **도서관에서** 이 책들을 읽을 수 있어.

★ can

34 네 가방이 부엌에 있을 리가 없다. (be)

→ _____.

35 너는 이것을 파리에서만 살 수 있다. (buy, only)

→ _____.

★ must

36 그는 입원해 있는 게 틀림없어. ▶ be in the hospital 입원 중이다

→ _____.

37 도서관에서 조용히 해야 한다. (be, quiet)

→ _____.

★ have to

38 그녀는 부엌에서 설거지를 해야 한다. ▸ wash the dishes 설거지하다

➡ _____ .

39 너는 영화관에서 표를 살 필요가 없다. (ticket)

➡ _____ .

★ should

40 당신은 그 의자를 부엌에 두는 게 좋겠어요. (put)

➡ _____ .

41 우리는 이 쿠폰을 그 가게에서 사용하는 게 좋겠다. (use, coupon)

➡ _____ .

★ may

42 그녀는 지금 집에 없을지도 모른다. (be)

➡ _____ .

43 도서관에서 그 책을 찾아봐도 될까요? (look for)

➡ _____ .

PART 10

수동태

1. 능동과 수동

1 수동태는 능동태의 반대 의미를 가진 표현이에요. 동작에 대해서 수동적인, 즉 그 동작을 받거나 당하는 경우를 나타내는 표현이에요.

주어가 동작을 직접 하는 경우: 능동태

주어 → 동사

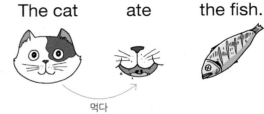

The cat　　ate　　the fish.

먹다

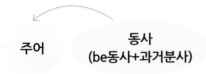
주어가 동작을 당하는 경우: 수동태

주어 ← 동사
(be동사+과거분사)

The fish　was eaten　by the cat.

먹히다

2 수동태에는 꼭 be동사가 등장합니다. 그 뒤에는 과거분사가 나와야 하죠. 과거분사는 '~되어진, ~하여진'이란 뜻이에요.

be동사　**+**　과거분사(p.p.)

eat – ate – **eaten**
use – used – **used**
make – made – **made**

Plus 진행형과 비교해 볼까요? 진행형은 be동사 뒤에 현재분사(동사+ing)가 와요.
The cat is eating the fish. 그 고양이는 물고기를 먹고 있다.

PRACTICE

다음 각 동사의 수동형을 쓰세요. (221~222쪽의 동사 변화표를 참고하세요.)

능동	know
수동	be known (know – knew – known)

★ be동사 + 규칙형 과거분사

1 **cook**
요리하다
→ be _____
요리되다

2 **call**
부르다
→ be _____
불리다

3 **repair**
수리하다
→ be _____
수리되다

4 **use**
사용하다
→ be _____
사용되다

5 **invent**
발명하다
→ be _____
발명되다

6 **stop**
중단하다
→ be _____
중단되다

7 **close**
닫다
→ be _____
닫히다

8 **disappoint**
실망시키다
→ be _____
실망하다

9 **bore**
지루하게 하다
→ be _____
지루하다

10 **surprise**
놀라게 하다
→ be _____
놀라다

11 **satisfy**
만족시키다
→ be _____
만족하다

12 **fill**
채우다
→ be _____
차다

13 **shock**
충격을 주다
→ be _____
충격을 받다

14 **close**
닫다
→ be _____
닫히다

15 **paint**
(그림을) 그리다
→ be _____
그려지다

16 **clean**
청소하다
→ be _____
청소되다

17 **wash**
씻다
→ be _____
씻기다

18 **visit**
방문하다
→ be _____
방문 받다

★ be동사 + 불규칙형 과거분사

19 build 짓다 → be _____ 지어지다

20 make 만들다 → be _____ 만들어지다

21 eat 먹다 → be _____ 먹히다

22 do 하다 → be _____ 행해지다

23 hang 걸다 → be _____ 걸리다

24 cut 베다 → be _____ 베어지다

25 bite 물다 → be _____ 물리다

26 find 찾다 → be _____ 발견되다

27 sell 팔다 → be _____ 팔리다

28 take 잡다 → be _____ 잡히다, 걸리다

29 write 쓰다 → be _____ 쓰여지다

30 steal 훔치다 → be _____ 도난당하다

31 choose 선택하다 → be _____ 선택받다

32 break 부수다 → be _____ 부서지다

33 catch 잡다 → be _____ 잡히다

34 see 보다 → be _____ 보여지다

35 pay 지불하다 → be _____ 지불되다

36 wear 입다 → be _____ 착용되다

37 grow 재배하다 → be _____ 재배되다

38 tell 말하다 → be _____ 듣다

39 send 보내다 → be _____ 보내지다

40 read 읽다 → be _____ 읽히다

다음 동사의 과거분사를 이용하여 영어 문장을 완성하세요.

sell	invent	close	steal	write
make	clean	choose	build	send
break	grow	visit	see	use

1 그 창문이 깨졌다.　　　　　→ The window was _____.

2 그 남자가 선택되었다.　　　→ The man was _____.

3 내 지갑이 도난당했다.　　　→ My purse was _____.

4 토마토들이 재배된다.　　　→ Tomatoes are _____.

5 내 메일이 보내졌다.　　　　→ My mail was _____.

6 그 문은 닫혀 있다.　　　　→ The door is _____.

7 달이 보인다.　　　　　　　→ The moon is _____.

8 컴퓨터들이 사용된다.　　　→ Computers are _____.

9 전화기가 발명되었다.　　　→ A telephone was _____.

10 그 다리가 지어졌다.　　　→ The bridge was _____.

11 이 케이크는 만들어졌다.　→ This cake was _____.

12 그 궁전은 방문된다.　　　→ The palace is _____.

13 그 방은 청소되었다.　　　→ The room was _____.

14 그의 집은 팔렸다.　　　　→ His house was _____.

15 이 시는 쓰여졌다.　　　　→ This poem was _____.

2. 수동태의 시제

1 'be동사＋과거분사' 형태의 수동태는 여러 가지 시제로 표현될 수 있어요. 이때 시제는 be동사가 결정해요. 즉, 과거분사는 그대로 두고 be동사를 바꿔서 다양한 시제를 나타낼 수 있어요.

> **be동사** ＋ **과거분사**

> be동사를 단수로 쓸지, 복수로 쓸지는 주어에 따라 결정돼요.

현재시제의 수동태 (~해진다)

A man **eats** a sandwich. → A sandwich **is eaten**. 샌드위치가 먹힌다. (샌드위치를 먹는다.)

I **eat** beans. → Beans **are eaten**. 콩이 먹힌다. (콩을 먹는다.)

과거시제의 수동태 (~해졌다)

The lions **ate** the lamb. → The lamb **was eaten**. 그 양은 먹혔다.

They **ate** tomatoes. → Tomatoes **were eaten**. 토마토들이 먹혔다.

2 진행 중인 상황을 수동태로 표현할 수도 있어요. 이때는 be동사 뒤에 being이 끼어 들어가게 됩니다.

> **be동사** ＋ **being** ＋ **과거분사**

현재진행의 수동태 (~해지고 있다)

David **is using** the computer.
→ The computer **is being used**. 그 컴퓨터는 사용되고 있다.

They **are using** the machines.
→ The machines **are being used**. 그 기계들은 사용되고 있다.

과거진행의 수동태 (~해지고 있었다)

Mary **was using** the pen.
→ The pen **was being used**. 그 펜은 사용되고 있었다.

We **were using** the crayons.
→ The crayons **were being used**. 그 크레용들은 사용되고 있었다.

3 조동사가 들어간 문장의 수동태는 다음과 같은 형태로 만듭니다.

| 조동사 | **+** | **be** | **+** | 과거분사 |

My father **will make** a chair.
→ A chair **will be made**. 의자가 만들어질 것이다.

I **can make** sandwiches quickly.
→ Sandwiches **can be made** quickly. 샌드위치들이 빨리 만들어질 수 있다.

I **must make** her dress.
→ Her dress **must be made**. 그녀의 드레스가 만들어져야만 한다.

> 조동사(will, can, must, may, should...) 뒤에는 항상 동사원형을 써요.

시제와 주어의 수(단수, 복수)에 따라 수동태의 형태가 달라지는 점을 비교해 봅시다.

능동태 The farmer **grows** apples. 그 농부는 사과를 재배한다.

수동태 ① 사과들이 재배된다.
→ Apples **are grown**. [현재의 수동]

② 사과들이 재배되었다.
→ Apples **were grown**. [과거의 수동]

③ 사과들이 재배되고 있다.
→ Apples **are being grown**. [현재진행의 수동]

④ 사과들이 재배되고 있었다.
→ Apples **were being grown**. [과거진행의 수동]

⑤ 사과들이 재배될 것이다.
→ Apples **will be grown**. [조동사가 들어간 수동]

⑥ 사과들이 재배되어야만 한다.
→ Apples **must be grown**. [조동사가 들어간 수동]

시제에 유의하여 다음 능동태 문장을 우리말 뜻에 맞는 수동태 문장으로 바꿔 쓰세요.

1

능동태	They build a bridge.
수동태	① A bridge ＿＿＿＿＿＿＿＿＿＿ . 다리가 지어졌다.
	② A bridge ＿＿＿＿＿＿＿＿＿＿ . 다리가 지어지고 있다.
	③ A bridge ＿＿＿＿＿＿＿＿＿＿ . 다리가 지어질 수 있다.

2

능동태	They sing the song.
수동태	① The song ＿＿＿＿＿＿＿＿＿＿ . 그 노래는 불린다.
	② The song ＿＿＿＿＿＿＿＿＿＿ . 그 노래는 불려지고 있다.
	③ The song ＿＿＿＿＿＿＿＿＿＿ . 그 노래는 불려질 것이다.

3

능동태	They surprise her.
수동태	① She ＿＿＿＿＿＿＿＿＿＿ . 그녀는 놀랐다.
	② She ＿＿＿＿＿＿＿＿＿＿ . 그녀는 놀랄 것이다.
	③ She ＿＿＿＿＿＿＿＿＿＿ . 그녀는 놀랄지도 모른다. (may)

4

능동태	We see your house.
수동태	① Your house ＿＿＿＿＿＿＿＿＿＿ . 너의 집이 보인다.
	② Your house ＿＿＿＿＿＿＿＿＿＿ . 너의 집이 보였다.
	③ Your house ＿＿＿＿＿＿＿＿＿＿ . 너의 집이 보일 수 있다.

5

능동태	He writes the stories.
수동태	① The stories ＿＿＿＿＿＿＿＿＿＿ . 그 이야기들은 쓰여졌다.
	② The stories ＿＿＿＿＿＿＿＿＿＿ . 그 이야기들은 쓰여지고 있다.
	③ The stories ＿＿＿＿＿＿＿＿＿＿ . 그 이야기들은 쓰여져야 한다. (must)

6	능동태	They speak English.	
	수동태	① English _____	• 영어는 말해진다.
		② English _____	• 영어는 말해지고 있었다.
		③ English _____	• 영어는 말해질 것이다.

7	능동태	They catch the thief.	
	수동태	① The thief _____	• 그 도둑은 잡힌다.
		② The thief _____	• 그 도둑은 잡혔다.
		③ The thief _____	• 그 도둑은 잡혀야 한다. (should)

8	능동태	The teacher calls his name.	
	수동태	① His name _____	• 그의 이름이 불린다.
		② His name _____	• 그의 이름이 불렸다.
		③ His name _____	• 그의 이름이 불릴 수 있다.

9	능동태	The girl closes the windows.	
	수동태	① The windows _____	• 그 창문들은 닫혔다.
		② The windows _____	• 그 창문들은 닫히고 있었다.
		③ The windows _____	• 그 창문들은 닫혀야 한다. (must)

10	능동태	The news shocks people.	
	수동태	① People _____	• 사람들은 충격을 받았다.
		② People _____	• 사람들은 충격을 받고 있다.
		③ People _____	• 사람들은 충격을 받을지도 모른다. (may)

Practice ① 단순 시제의 수동태 문장 만들기

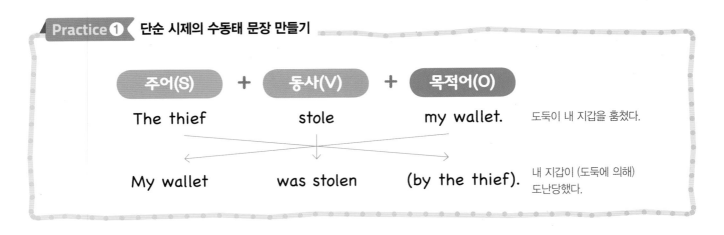

주어(S) + 동사(V) + 목적어(O)

The thief　　stole　　my wallet. 　도둑이 내 지갑을 훔쳤다.

My wallet　　was stolen　　(by the thief). 　내 지갑이 (도둑에 의해) 도난당했다.

1 그 창문이 깨져 있다.　　➡　_____ .

그 창문이　　　　　　깨져 있다

2 그 건물은 지어졌다.　　➡　_____ .

그 건물은　　　　　　지어졌다

3 많은 거미들이 발견되었다.　　➡　_____ .

많은 거미들이　　　　발견되었다

4 그의 이름이 불린다.　　➡　_____ .

그의 이름이　　　　　불린다

5 이 일은 행해졌다.　　➡　_____ .

이 일은　　　　　　　행해졌다

6 나는 (현재) 놀랐다.　　➡　_____ .

나는　　　　　　　　놀랐다

7 나는 (현재) 초대받았다.　　➡　_____ .

나는　　　　　　　　초대받았다

8 그 도둑은 체포되었다.　　➡　_____ .

그 도둑은　　　　　　체포되었다

힌트

주어　building, name, spiders, window, work, thief, I

동사　break (broke-broken), find (found-found), call, do (did-done), build (built-built), surprise, invite, arrest

주어(S)	+	동사(V)	+	목적어(O)	
My father		is repairing		the roof.	나의 아버지가 지붕을 수리하고 계신다.
The roof		is being repaired		(by my father).	그 지붕은 (나의 아버지에 의해) 수리되고 있다.

1 고기가 요리되고 있었다.

▶ meat은 셀 수 없는 명사예요.

⇒ _____ _____ .

그 고기는   요리되고 있었다

2 그 차가 닦여지고 있다.

⇒ _____ _____ .

그 차가   닦여지고 있다

3 피아노가 연주되고 있었다.

⇒ _____ _____ .

그 피아노가   연주되고 있었다

4 그들의 자전거가 수리되고 있다.

⇒ _____ _____ .

그들의 자전거가   수리되고 있다

5 상자 두 개가 옮겨지고 있었다.

⇒ _____ _____ .

상자 두 개가   옮겨지고 있었다

6 그녀의 소설이 읽혀지고 있다.

⇒ _____ _____ .

그녀의 소설이   읽혀지고 있다

7 그 음악은 사랑받고 있다.

▶ music은 셀 수 없는 명사예요.

⇒ _____ _____ .

그 음악은   사랑받고 있다

8 화초들에 물을 주고 있다.

⇒ _____ _____ .

그 화초들은   물이 뿌려지고 있다

힌트

주어   car, meat, bikes, piano, novel, boxes, music, plants

동사   cook, wash, carry, play, repair, read (read-read), love, water

주어(S)	+	동사(V)	+	목적어(O)	
We		must wear		the uniform.	우리는 교복을 입어야 한다.
The uniform		must be worn		(by us).	교복은 (우리들에 의해) 입혀져야 한다.

1 4가지 색깔이 사용되어야 한다. (충고)　➡　_____ .

　　4가지 색깔이　　　　　사용되어야 한다

2 장갑을 꼭 껴야 한다. (의무)　➡　_____ .

　　장갑이　　　　　착용되어야 한다

3 너는 감시 당할지도 모른다.　➡　_____ .

　　너는　　　　　감시 당할지도 모른다

4 바다표범들을 찾아볼 수 있다.　➡　_____ .

　　바다표범들이　　　　　발견되어질 수 있다

5 그 일은 행해져야 한다. (의무)　➡　_____ .

　　그 일은　　　　　행해져야 한다

6 사람들은 충격을 받을 것이다.　➡　_____ .

　　사람들이　　　　　충격을 받을 것이다

7 그 진실은 알려져야 한다. (충고)　➡　_____ .

　　그 진실은　　　　　알려져야 한다

8 내 남동생이 태어날 것이다.　➡　_____ .

　　내 남동생이　　　　　태어날 것이다

힌트

주어 gloves, colors, seals, job, people, truth, brother, you

동사 use, shock, wear (wore-worn), watch, find (found-found), do (did-done), bear (bore-born),
know (knew-known)

행위자를 나타내는 by로 살 붙이기

by him 그에 의해　　　　**by** me 나에 의해　　　　**by** my father 우리 아버지에 의해
by the police 경찰에 의해　　**by** Shakespeare 셰익스피어에 의해　　**by** Jenny 제니에 의해

▶ by와 같은 전치사 뒤에는 대명사의 목적격 (him, me)을 써요.

| The window | was broken | ↘. | by him |

그 창문은 **그에 의해** 깨졌다.

1 로미오와 줄리엣(Romeo and Juliet)은 셰익스피어(Shakespeare)가 썼다.

➡ _____.

2 그 노래는 많은 사람들에게 애창되고 있다.　▶ sing-sang-sung

➡ _____.

3 전구는 에디슨(Edison)이 발명했다. (lightbulb, invent)

➡ _____.

4 그들은 경찰들에 의해 저지당했다. (stop)

➡ _____.

5 나의 수업료는 아버지가 지불하신다. (school fee)　▶ pay-paid-paid

➡ _____.

6 그 도둑은 경찰들에 의해 잡혔다. (thief, catch)

➡ _____.

7 너희들은 개에게 물릴지도 모른다. ▶ bite-bit-bitten

▶ _____

8 콜럼버스(Columbus)에 의해 미국(America)이 발견되었다. (discover)

▶ _____

9 이 사진들은 제니(Jenny)가 찍었다. ▶ take-took-taken

▶ _____

대상을 나타내는 at과 with로 살 붙이기

at ~에	with ~에[~로]
be shocked at ~에 충격받다	be bored with ~에 질리다
be disappointed at ~에 실망하다	be filled with ~로 가득 차다
be surprised at ~에 놀라다	be satisfied with ~에 만족하다
at the scene 그 장면에	with the movie 그 영화에
at the news 그 소식에	with the design 그 디자인에
at the result 그 결과에	with one's work ~의 일에

We were shocked √. at the news 우리는 **그 소식에** 충격을 받았다.

The showcase was filled √. with new shoes 그 진열장은 **새 구두로** 가득 차 있었다.

---

10 우리는 그 결과에 실망했다. (result)

▶ _____

11 사람들은 그 소식에 놀랄 것이다. (news)

▶ _____

12 그녀는 그 장면에 충격받을지도 모른다. (scene)

→ _____ .

13 그의 부모는 그의 행동에 실망했다. (behavior)

→ _____ .

14 그 소년은 그 파티에 깜짝 놀랄 것이다. (party)

→ _____ .

15 나는 그 디자인에 만족한다. (design)

→ _____ .

16 어린이들은 그 장면에 충격받을지도 모른다.

→ _____ .

17 이 상자는 새 구두로 가득 차 있어야 한다. (should)

→ _____ .

18 샘(Sam)은 그의 일을 지겨워한다. (work)

→ _____ .

19 그 소녀는 그 선물에 만족했다. (gift)

→ _____ .

20 그녀는 그 결과에 놀랄 것이다.

→ _____ .

21 이 두부는 콩으로 만들어진다. (tofu, soybeans)

➡ _____.

22 이 냅킨들은 나무로 만들어졌다. (napkin)

➡ _____.

23 저 유리잔은 모래로 만들어진다. ▶ glass(유리), sand(모래)는 셀 수 없는 명사예요.

➡ _____.

24 그 빵은 밀가루로 만들 수 있다. ▶ flour(밀가루)는 셀 수 없는 명사예요.

➡ _____.

25 종이는 나무로 만들어진다. ▶ paper(종이), wood(나무)는 셀 수 없는 명사예요.

➡ _____.

26 이 바닥은 돌로 만들어져 있다. (floor) ▶ 재료를 나타내는 stone(돌)은 셀 수 없는 명사예요.

➜ _____ .

27 그 스웨터는 양털로 만들었다. (sweater) ▶ wool(양털)은 셀 수 없는 명사예요.

➜ _____

28 이 반지는 금으로 만든 것이다. (ring) ▶ gold(금)는 셀 수 없는 명사예요.

➜ _____ .

그 밖의 전치사구로 살 붙이기

to ~에게	as ~로서	for ~로
be known to ~에게 알려지다	**be known as** ~로서 알려지다	**be known for** ~로 알려지다
to everybody 모두에게	**as a singer** 가수로	**for its good service** 좋은 서비스로
to the public 대중에게	**as a scholar** 학자로	
to the world 세상에	**as gentlemen** 신사로	**for its beautiful weather** 아름다운 날씨로
		for its seafood 해산물로

The secret is known ↳. to everybody 그 비밀은 **누구에게나** 알려져 있다.

She is known ↳. as a singer 그녀는 **가수로서** 알려져 있다.

The hotel was known ↳. for its good service 그 호텔은 **좋은 서비스로** 알려져 있다.

29 그의 이름은 세상에 알려졌다.

➜ _____ .

30 그 결과는 대중들에게 알려져야만 한다. (result, must)

➡ _____.

31 그 남자는 학자로 알려졌다.

➡ _____.

32 영국인들은 신사로 알려져 있다.　▶ the British = British people 영국인들

➡ _____.

33 그 섬은 아름다운 날씨로 알려져 있다. (island)

➡ _____.

34 부산(Busan)은 해산물로 알려져 있다.

➡ _____.

35 소크라테스(Socrates)는 그의 지혜로 유명했다. (wisdom)

➡ _____.

PART 11

의문사 의문문

1. 누구인지 묻는 Who

1 '누가, 언제, 어디서, 무엇을, 어떻게, 왜' 했는지 묻는 의문문을 만들 때 의문사를 이용합니다. 의문사에는 다음과 같은 종류가 있어요.

누가	언제	어디서	무엇을	어떻게	왜
who	when	where	what	how	why

2 '누가'라고 주어에 대해 묻는 경우, 의문사 Who를 주어 자리에 쓰고 그 뒤에 바로 동사를 씁니다.

주어에 대해 물을 때   **Who** + 동사 ~?

Who knows this? **누가** 이것을 아니?
Who saw Paul? **누가** 폴을 봤니?
Who is singing? **누가** 노래 부르고 있니?

3 '누구를, 누구'라고 목적어나 보어에 대해 질문할 때도 의문사 Who를 씁니다. 의문사 Who 뒤의 문장 순서는 일반 의문문의 순서와 같아요. 동사가 be동사인지 일반동사인지에 따라 의문문의 순서가 달라지는 점에 주의하세요.

be동사가 있는 의문사 의문문   **Who** + be동사 + 주어 ~?

Who is he? 그는 **누구**니?
Who was that girl? 저 소녀는 **누구**였니?
Who are you going with? 넌 **누구**와 갈 거니?

일반동사가 있는 의문사 의문문

Who + do / does / did 조동사 + 주어 + 동사원형 ~?

Who do you like? 넌 **누구를** 좋아하니?
Who did he talk to? 그는 **누구**에게 이야기했니?
Who can she help? 그녀는 **누구를** 도울 수 있니?

A 다음 빈칸을 채워서 우리말을 영어 문장으로 완성하세요.

1 누가 어젯밤에 거기 있었니? → _____ there last night?

2 작가는 누구니? → _____ the author?

3 누가 내 펜을 가져갔니? → _____ my pen?

4 우리는 누구를 찾아야 해요? → _____ we have to look for?

B 다음 주어진 단어들을 알맞은 순서로 배열하여 의문사 의문문을 완성하세요.

1 Who [my pie, ate]? → _____

2 Who [knows, her name]? → _____

3 Who [does, like, she]? → _____

4 Who [going, she, to visit, is]? → _____

5 Who [he, calling, is]? → _____

C 다음 문장을 일반 의문문과 의문사 의문문으로 바꿔 쓰세요.

1 That girl is my sister.
   ① 저 소녀가 네 동생이니? → _____
   ② 누가 네 동생이니? → _____

2 She likes her new teacher.
   ① 그녀는 새 선생님을 좋아하니? → _____
   ② 그녀는 누구를 좋아하니? → _____

3 He will come tonight.
   ① 그는 오늘밤에 올 거니? → _____
   ② 누가 오늘밤에 올 거니? → _____

2. 무엇인지 묻는 What

1 '무엇이, 무슨 일이'라고 주어에 대해 묻는 경우, 주어 자리에 의문사 What을 쓰고 그 뒤에 바로 동사를 씁니다.

> 주어에 대해 물을 때   **What** + 동사 ~?

What is in the box? 그 상자 안에 **무엇이** 있니?

What happened? **무엇이** 일어났니 (무슨 일이니)?

What fell on the floor? **무엇이** 바닥에 떨어졌니?

2 '무엇, 무엇을'이라고 보어나 목적어에 대해 물을 때도 의문사 What을 씁니다. 의문사 What 뒤의 문장 순서는 일반 의문문의 순서와 같아요.

> be동사가 있는 의문사 의문문   **What** + **be동사** + **주어** ~?

What is this? 이것은 **무엇**이니?

What was the noise? 그 소음은 **무엇**이었지?

What are you eating? 너는 **무엇을** 먹고 있니?

> 일반동사가 있는 의문사 의문문

> **What** + **do / does / did 조동사** + **주어** + **동사원형** ~?

What does she have? 그녀는 **무엇을** 가지고 있니?

What did you buy? 너는 **무엇을** 샀니?

What will they study? 그들은 **무엇을** 공부할 거니?

3 의문사 What 뒤에 명사를 써서 '무슨 (색깔)', '몇 (시)'와 같은 구체적인 정보를 물어볼 수 있어요. 이때 What은 형용사 역할을 하므로 반드시 명사와 함께 써야 해요.

What color do you like? 너는 **무슨 색깔을** 좋아하니?

What size do you wear? **무슨 사이즈를** 입으세요?

What day is it today? 오늘은 **무슨 요일**이니?

A 다음 빈칸을 채워서 우리말을 영어 문장으로 완성하세요.

1 무엇이 나무 위로 날아가고 있니?　→ ＿＿＿＿＿＿＿＿ flying over the tree?

2 네 손 안에 무엇이 있니?　→ ＿＿＿＿＿＿＿＿ in your hand?

3 그는 무엇을 발견했니?　→ ＿＿＿＿＿＿＿＿ he find?

4 상품들은 무엇인가요?　→ ＿＿＿＿＿＿＿＿ the prizes?

B 다음 주어진 단어들을 알맞은 순서로 배열하여 의문사 의문문을 완성하세요.

1 What [was, that]?　→ ＿＿＿＿＿＿＿＿＿＿＿＿

2 What [yours, is]?　→ ＿＿＿＿＿＿＿＿＿＿＿＿

3 What [does, the rabbit, eat]?　→ ＿＿＿＿＿＿＿＿＿＿＿＿

4 What [they, want, color, did]?　→ ＿＿＿＿＿＿＿＿＿＿＿＿

5 What [will, you, time, come]?　→ ＿＿＿＿＿＿＿＿＿＿＿＿

C 다음 문장을 일반 의문문과 의문사 의문문으로 바꿔 쓰세요.

1 Red is your favorite color.
① 빨간색이 네가 가장 좋아하는 색이니?　→ ＿＿＿＿＿＿＿＿＿＿＿＿
② 무엇이 네가 가장 좋아하는 색이니?　→ ＿＿＿＿＿＿＿＿＿＿＿＿

2 Dan ate dinner.
① 댄(Dan)이 저녁을 먹었니?　→ ＿＿＿＿＿＿＿＿＿＿＿＿
② 댄(Dan)은 무엇을 먹었니?　→ ＿＿＿＿＿＿＿＿＿＿＿＿

3 I was looking at the stars.
① 너는 별들을 보고 있었니?　→ ＿＿＿＿＿＿＿＿＿＿＿＿
② 너는 무엇을 보고 있었니?　→ ＿＿＿＿＿＿＿＿＿＿＿＿

3. 시간, 장소, 이유를 묻는 When, Where, Why

1 '언제'라는 시간을 물을 때는 When을, '어디서'라는 장소를 물을 때는 Where를, '왜'라는 이유를 물을 때는 Why를 사용합니다. 의문사는 늘 문장 맨 앞에 옵니다.

때를 물을 때: When

When is your birthday?　네 생일은 **언제**니?
When do you go to school?　너는 **언제** 학교에 가니?
When did you arrive?　너는 **언제** 도착했니?

장소를 물을 때: Where

Where is my bag?　내 가방이 **어디에** 있니?
Where are they staying?　그들은 **어디에** 머물고 있니?
Where did he go?　그는 **어디에** 갔니?

이유를 물을 때: Why

Why were you late?　너는 **왜** 늦었니?
Why does he hate me?　그는 **왜** 날 미워하니?
Why did she leave?　그녀는 **왜** 떠났니?

2 부사 역할을 하는 의문사 When, Where, Why 뒤에는 일반 의문문의 순서대로 씁니다.

	be동사가 있는 문장	일반동사가 있는 문장
평서문	Katie is upstairs.	Anne comes at six.
일반 의문문	Is Katie upstairs?	Does Anne come at six?
의문사 의문문	**Where** is Katie?	**When** does Anne come?

A 다음 빈칸을 채워서 우리말을 영어 문장으로 완성하세요.

1 그는 언제 떠났니? → _____ he leave?

2 그녀는 어디에 사니? → _____ she live?

3 왜 기차가 멈췄니? → _____ the train stop?

4 수업이 언제 끝나니? → _____ the class over?

5 내 신발이 어디 있지? → _____ my shoes?

6 너는 왜 울고 있니? → _____ you crying?

B 다음 주어진 단어들을 알맞은 순서로 배열하여 의문사 의문문을 완성하세요.

1 When [is, his, birthday]? → _____

2 Where [from, you, are]? → _____

3 Where [we, should, meet]? → _____

4 Why [you, ask, do]? → _____

5 When [can, see, I, you]? → _____

6 Why [you, angry, are]? → _____

C 다음 문장을 일반 의문문과 의문사 의문문으로 바꿔 쓰세요.

1 He goes to school at eight.
  ① 그는 8시에 학교에 가니? → _____
  ② 그는 언제 학교에 가니? → _____

2 They live in Seoul.
  ① 그들은 서울에 사니? → _____
  ② 그들은 어디에 사니? → _____

4. 방법, 상태, 수량을 묻는 How

1 '어떻게'라는 방법이나 '어떠한' 상태인지 물을 때는 의문사 How를 씁니다.

> ### 방법을 물을 때

How do you make the cake? 너는 그 케이크를 **어떻게** 만드니?
How does this work? 이건 **어떻게** 작동하니?
How did you know that? 너는 그것을 **어떻게** 알았니?

> ### 상태를 물을 때

How are you? 너는 **어떻게** 지내니?   **How** was the party? 그 파티는 **어땠니?**
How does it taste? 그것은 맛이 **어떠니?**

2 의문사 How 뒤에는 일반 의문문의 순서대로 씁니다.

평서문	He went there by bus.
일반 의문문	Did he go there by bus?
의문사 의문문	**How** did he go there?

3 의문사 How가 형용사나 부사와 만나서 '얼마나'의 의미로 쓰이기도 합니다.

> ### How + 형용사/부사

How long did he travel? 그는 **얼마 동안** 여행했니?
How often do you wash your hands? 너는 **얼마나 자주** 손을 씻니?
How far is your school from here? 여기서 네 학교는 **얼마나 머니?**

> ### How + much/many + 명사

How much water does he drink? 그는 **얼마나 많은** 물을 마시니?
How many apples did you buy? 너는 사과를 **몇 개** 샀니?

'수'를 묻는 How many 뒤에는 셀 수 있는 명사의 복수형이 와요. 그리고 '양'을 묻는 How much 뒤에는 셀 수 없는 명사, 즉 단수 명사가 옵니다.

PRACTICE

A 다음 우리말을 영어 문장으로 완성하세요.

1 그건 어떤 냄새가 나니? → _____ it smell?

2 지금 기분이 어때요? → _____ you feeling now?

3 그 배를 어떻게 만들 수 있니? → _____ you make the ship?

4 너는 체중이 얼마나 나가니? → _____ do you weigh?

5 달은 얼마나 머니? → _____ is the moon?

B 다음 주어진 단어들을 알맞은 순서로 배열하여 의문사 의문문을 완성하세요.

1 How [I, help, can, you]? → _____

2 How [you, did, the door, open]? → _____

3 How [the music, sound, does]? → _____

4 How [do, often, exercise, you]? → _____

5 How [do, much, you, need]? → _____

6 How [days, in a month, many, are]? → _____

C 다음 문장을 일반 의문문과 의문사 의문문으로 바꿔 쓰세요.

1 He looks tired.
① 그는 피곤해 보이니? → _____
② 그는 어떻게 보이니? → _____

2 Mount Everest is very high.
① 에베레스트 산은 매우 높니? → _____
② 에베레스트 산은 얼마나 높니? → _____

Practice ① 의문사 Who와 What 자체가 주어인 의문문 만들기

Who/What + 동사(V) + ~?

| Who | bought | the nice shoes? |
| What | fell | on the floor? |

1 누가 그 답을 아니? (answer) → _____?
누가   알고 있다   그 답을

2 무엇이 일어났니(무슨 일이니)? (happen) → _____?
무엇이   일어났다

3 무엇이 탁자 위에 있니? (on) → _____?
무엇이   있다   탁자 위에

4 누가 그들을 봤니? → _____?
누가   보았다   그들을

5 누가 지금 울고 있니? → _____?
누가   울고 있는 중이다   지금

6 무엇이 너를 놀라게 했니? (surprise) → _____?
무엇이   놀라게 했다   너를

7 누가 올 거니? → _____?
누가   올 것이다

8 누가 이것을 할 수 있니? (can) → _____?
누가   할 수 있다   이것을

9 무엇이 날고 있니? (fly) → _____?
무엇이   날고 있는 중이다

10 무엇이 그 나무 아래 있었니? (under) → _____?
무엇이   있었다   나무 아래에

의문사	+	do / does / did	+	주어(S)	+	동사원형	~?
Who		does		she		like?	
Where		did		she		buy the nice shoes?	

1 조쉬(Josh)는 무엇을 샀니?

➡ _____ ?
　무엇을　　　　　　　　　조쉬가　　　　사다

2 그는 누구를 좋아하니?

➡ _____ ?
　누구를　　　　　　　그가　　좋아하다

3 너는 누구에게 물었니? (ask)

➡ _____ ?
　누구에게　　　　　　너는　　물어보다

4 너는 무슨 과목을 좋아하니? (subject)

➡ _____ ?
　어떤 과목을　　　　　너는　　좋아하다

5 그는 무슨 스포츠를 좋아하니? (sport)

➡ _____ ?
　어떤 스포츠를　　　　그는　　좋아하다

6 그 영화는 언제 시작하니? (movie, start)

➡ _____ ?
　언제　　　　　　그 영화는　　시작하다

7 너는 왜 그렇게 피곤해 보이니? (so, tired)

➡ _____ ?
　왜　　　　　너는　　~처럼 보이다　매우 피곤한

8 너는 왜 그에게 물어봤니? (ask)

➡ _____ ?
　왜　　　　　너는　　물어보다　그에게

9 너는 언제 그 자전거를 샀니? (bike)

➡ _____ ?
　언제　　　　　너는　　사다　그 자전거를

10 너는 언제 왔니?

➡ _____ ?
　언제　　　　　　너는　　오다

11 너는 어디에 사니?

→ _____ ?

어디에서   너는   살다

12 너는 어제 기분이 어땠니? (feel)

→ _____ ?

어떻게   너는   느끼다   어제

13 그 수프는 어떤 맛이 나니? (taste)

→ _____ ?

어떻게   그 수프는   ~한 맛이 나다

14 그녀는 어떻게 보였니?

→ _____ ?

어떻게   그녀는   ~처럼 보이다

15 그들은 어떻게 죽었니? (die)

→ _____ ?

어떻게   그들은   죽다

16 너는 어떻게 학교에 가니?

→ _____ ?

어떻게   너는   학교에 가다

17 너는 그 병을 어떻게 열었니? (bottle)

→ _____ ?

어떻게   너는   열다   그 병을

18 그녀는 어디에 갔니?

→ _____ ?

어디에   그녀는   가다

19 그는 무엇을 가지고 있니?

→ _____ ?

무엇을   그는   가지고 있다

20 너는 무슨 색깔을 좋아하니?

→ _____ ?

어떤 색깔을   너는   좋아하다

Practice ❸ be동사가 있는 의문사 의문문 만들기

의문사 **+** be동사 **+** 주어(S) ~?

| What | is | the noise? |
| Who | was | that girl? |

1 이것들은 무엇이니?

➡ _____?

무엇　　　　　～이다　　　　이것들은

2 이 소년은 누구니?

➡ _____?

누구　　　　　～이다　　　　이 소년은

3 지금 몇 시니? (time)

➡ _____?

몇 시　　　～이다　　　(비인칭 주어 it)　지금

4 오늘은 무슨 요일이니? (day)

➡ _____?

무슨 요일　　～이다　　(비인칭 주어 it)　오늘

5 네 생일은 언제니?

➡ _____?

언제　　　　　～이다　　　　너의 생일은

6 이것들은 왜 여기 있니?

➡ _____?

왜　　　　～이다　　　이것들은　　여기에

7 그들은 지금 어디에 있니?

➡ _____?

어디에　　　～이다　　　그들은　　　지금

8 너는 왜 늦었니? (late)

➡ _____?

왜　　　　～였다　　　너는　　　　늦은

9 네 다리는 어때?

➡ _____?

어떻게　　　～이다　　　너의 다리는

10 네 부모님은 어떠시니? (parents)

➡ _____?

어떻게　　　～이다　　　너의 부모님은

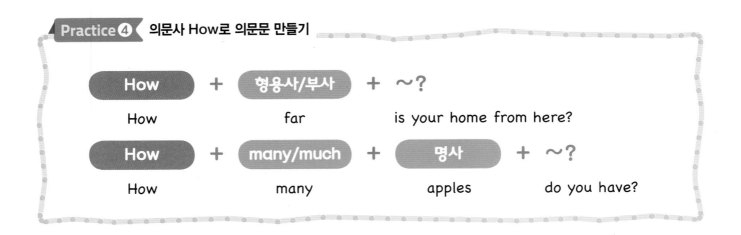

Practice ④ 의문사 How로 의문문 만들기

How + 형용사/부사 + ~?

How   far   is your home from here?

How + many/much + 명사 + ~?

How   many   apples   do you have?

---

1 치타는 얼마나 빨리 달릴 수 있니? (a cheetah) ➡

_____?

얼마나 빨리   ~할 수 있다   치타는   달리다

2 그 연못은 얼마나 깊니? (pond) ➡

_____?

얼마나 깊은   ~이다   그 연못은

3 그 상자는 얼마나 무거웠니? ➡

_____?

얼마나 무거운   ~였다   그 상자는

4 그 강은 얼마나 기니? ➡

_____?

얼마나 긴   ~이다   그 강은

5 얼마나 자주 그 버스가 오니? ➡

_____?

얼마나 자주   그 버스는   오다

6 서울에서 부산까지는 얼마나 멀어? ➡

_____?

▶ 거리를 나타낼 때는 비인칭 주어 it을 써요.
▶ from A to B A에서부터 B까지

얼마나 먼   ~이다   (비인칭 주어 it)   서울에서 부산까지

7 어제는 얼마나 더웠니? ➡

_____?

▶ 날씨를 나타낼 때는 비인칭 주어 it을 써요.

얼마나 더운   ~였다   (비인칭 주어 it)   어제

8 그 가방은 얼마나 크니? (bag) ➡

_____?

얼마나 큰   ~이다   그 가방은

9 이 펜은 얼마나 비싸니? (expensive) ➡

_____?

얼마나 비싼   ~이다   이 펜은

10 그 티켓은 얼마니? (ticket) ➡

_____?

가격이 얼마인   ~이다   그 티켓은

중학교 시험에 나오는 **서술형 주관식 평가** ④

출제 범위 | Part 9~11

1 다음 두 문장이 같은 뜻이 되도록 빈칸에 알맞은 단어를 쓰시오.

She must wash the dishes now.
= She _____ the dishes now.

[2~3] 다음 그림을 보고 주어진 단어를 바르게 배열하시오.

2

restaurant, may, open, That, today

→ _____

3

boy, for, can, five, The, dive, minutes

→ _____

4 다음 대화의 밑줄 친 부분을 영어로 쓰시오. (6단어)

> A : Where is Jack?
> B : 그는 도서관에 있는 것이 틀림없다.

→ _____

5 다음 문장을 주어진 시제로 고쳐 쓰시오.

> We have to wait. (과거형)

→ _____

[6~7] 다음 문장을 주어진 주어로 고쳐 쓰시오.

6

> She writes the stories.

→ The stories _____ .

7

> David is using the computer.

→ The computer _____ .

8 다음 우리말에 알맞게 빈칸을 완성하시오.

> 그의 이름은 세상에 알려졌다.

→ His name _____ _____ to the world.

9 다음 각 빈칸에 알맞은 전치사를 쓰시오.

1) We were shocked _____ the news.

2) I am satisfied _____ the design.

3) She was bitten _____ the little dog.

10 다음 밑줄 친 우리말에 해당하는 표현을 영어로 쓰시오.

1) 그 스웨터는 <u>양털로 만들었다.</u>

The sweater was made _____.

2) 그녀는 <u>가수로서 알려져 있다.</u>

She is known _____.

[11-12] 다음 보기와 같이 밑줄 친 부분을 의문문으로 고쳐 쓰시오.

보기 I'm from <u>Canada</u>.

→ Where are you from?

11

He left <u>yesterday</u>.

→ _____

12

She lives in <u>Paris</u>.

→ _____

13 다음 우리말을 주어진 의문사를 이용하여 영어로 쓰시오.

누가 이것을 할 수 있니? (who)

→ _____

14 다음 우리말을 영어로 쓰시오. (5단어)

너는 무슨 과목을 좋아하니?

→ _____

15 다음 대화의 빈칸에 들어갈 의문사를 쓰시오.

1) A : _____ do you feel?

B : I'm fine. Thanks.

2) A : _____ are you late?

B : I got up late this morning.

3) A : _____ are they now?

B : They are upstairs.

16 다음 우리말과 같도록 주어진 단어를 바르게 배열하시오.

너는 얼마나 자주 손을 씻니?

(your, often, wash, How, hands, you, do)

→ _____

★ 동사 변화표(불규칙 변화)

동사원형	과거형	과거분사형	동사원형	과거형	과거분사형
arise 일어나다	arose	arisen	drink 마시다	drank	drunk
awake 깨우다	awoke	awoke(n)	drive 운전하다	drove	driven
be ~이다, 있다	was / were	been	eat 먹다	ate	eaten
bear 낳다	bore	born	fall 떨어지다	fell	fallen
beat 이기다	beat	beaten	feed 먹이다	fed	fed
become ~이 되다	became	become	feel 느끼다	felt	felt
begin 시작하다	began	begun	fight 싸우다	fought	fought
bend 구부리다	bent	bent	find 발견하다	found	found
bind 묶다	bound	bound	fly 날다	flew	flown
bite 물다	bit	bitten	forget 잊다	forgot	forgotten
bleed 피를 흘리다	bled	bled	forgive 용서하다	forgave	forgiven
blow (바람이) 불다	blew	blown	freeze 얼다	froze	frozen
break 깨뜨리다	broke	broken	get 얻다	got	got
bring 가져오다	brought	brought	give 주다	gave	given
build 짓다	built	built	go 가다	went	gone
burn 타다	burnt	burnt	grow 자라다	grew	grown
buy 사다	bought	bought	hang 매달다	hung	hung
catch 잡다	caught	caught	have 가지다	had	had
choose 선택하다	chose	chosen	hear 듣다	heard	heard
come 오다	came	come	hide 숨기다	hid	hidden
cost (비용이) 들다	cost	cost	hit 치다	hit	hit
cut 자르다	cut	cut	hold 들다	held	held
deal 다루다	dealt	dealt	hurt 다치게 하다	hurt	hurt
dig 파다	dug	dug	keep 지키다	kept	kept
do ~하다	did	done	know 알다	knew	known
draw 그리다	drew	drawn	lay 두다	laid	laid

동사원형	과거형	과거분사형
lead 이끌다	led	led
leave 떠나다	left	left
lend 빌려주다	lent	lent
let 시키다	let	let
lie 눕다	lay	lain
light 불을 붙이다	lit	lit
lose 잃다	lost	lost
make 만들다	made	made
mean 의미하다	meant	meant
meet 만나다	met	met
mistake 실수하다	mistook	mistaken
pay 지불하다	paid	paid
put 놓다	put	put
read 읽다	read	read
ride 타다	rode	ridden
ring 울리다	rang	rung
rise (해가) 뜨다	rose	risen
run 달리다	ran	run
say 말하다	said	said
see 보다	saw	seen
sell 팔다	sold	sold
send 보내다	sent	sent
set 놓다	set	set
shake 흔들다	shook	shaken
shine 빛나다	shone	shone
shoot 쏘다	shot	shot

동사원형	과거형	과거분사형
shut 닫다	shut	shut
sing 노래하다	sang	sung
sink 가라앉다	sank	sunk
sit 앉다	sat	sat
sleep 자다	slept	slept
slide 미끄러지다	slid	slid
speak 말하다	spoke	spoken
spend 쓰다	spent	spent
spread 펴다	spread	spread
stand 서다	stood	stood
steal 훔치다	stole	stolen
stick 찌르다	stuck	stuck
strike 치다	struck	struck
swear 맹세하다	swore	sworn
swim 수영하다	swam	swum
swing 흔들다	swung	swung
take 잡다	took	taken
teach 가르치다	taught	taught
tear 찢다	tore	torn
tell 말하다	told	told
think 생각하다	thought	thought
throw 던지다	threw	thrown
understand 이해하다	understood	understood
wear 입다	wore	worn
win 이기다	won	won
write (글) 쓰다	wrote	written

	현재 (~이다, ~하다)	**과거** (~였다, ~했다)	**미래** (~일 것이다, ~할 것이다)
단순	**현재 시제** 〈동사원형〉, 〈동사원형 + (e)s〉 또는 〈am/are/is〉 I come. She comes. 온다 ▶ 주어가 3인칭일 때 동사 뒤에 -(e)s를 붙여요.	**과거 시제** 〈동사원형 + ed〉, 〈불규칙 형〉 또는 〈was/were〉 I/She came. 왔다 ▶ 과거형은 규칙형과 불규 칙형이 있어요.	**미래 시제** 〈will + 동사원형〉 I/She will come. 올 것이다
진행 〈be동사 + 현재분사〉 ▶ be동사 모양은 시제에 따라 달라져요. ▶ 현재분사는 동사원형 + ing에요.	**현재진행 시제** 〈am/is/are + 현재분사〉 I am coming. She is coming. You are coming. 오고 있다	**과거진행 시제** 〈was/were + 현재분사〉 I/She was coming. You were coming. 오고 있었다	**미래진행 시제** 〈will + be + 현재분사〉 I/She/You will be coming. 오고 있을 것이다
완료 〈have + 과거분사〉 ▶ have 동사 모양은 시제 에 따라 달라져요.	**현재완료 시제** 〈have/has + 과거분사〉 I have come. She has come. 왔다/와 있다	**과거완료 시제** 〈had + 과거분사〉 I/She had come. 왔었다	**미래완료 시제** 〈will + have + 과거분사〉 I/She will have come. 와 있을 것이다

하루 10분, 한 달이면 중학교 영어 완성!

중학교 영어의 든든한 기본기를 만드는 영단어 학습서

기적의 영단어+쓰기노트 ①, ②, ③ | 248쪽 | 12,000원 | MP3 파일 다운로드

〈기적의 영단어+쓰기노트〉 만의 특징

 교육부 최신 개정 교육 과정의 필수 영단어 수록!
교육부 지정 어휘 목록과 영어 교과서를 분석하여 중학생이 꼭 알아야 할 필수 영단어 600개를 담았습니다.

 자주 나오는 단어부터 우선순위로!
학년별 필수 영단어 600개를 교과서와 시험에 자주 나오는 우선순위대로 공부할 수 있습니다.

 하루에 10분, 20개 단어를 부담없이!
무리하지 않는 적정 학습량으로 하루 10분씩 한 달이면 중학교 영단어 600개를 끝낼 수 있습니다.

 단어가 저절로 외워지는 오감 자극 단어 암기법!
두 가지 구성의 단계별 녹음 파일과 복습까지 책임지는 쓰기노트로 보고, 듣고, 말하고, 써 보는 동안 중학 영어 기본기가 탄탄해집니다.

기적의 문법 Plus 영작

정답과 해석

PART 1 대명사 주어

STEP 1 개념 잡기

1. 인칭대명사

Practice   p.17

A
1. It
2. They
3. He
4. She
5. He
6. She
7. They
8. It
9. She
10. It
11. He
12. We
13. They
14. We
15. They
16. You

B
1. I cook well. 나는 요리를 잘한다.
2. We are happy. 우리는 행복하다.
3. They look hungry. 그들은 배고파 보인다.
4. She washed the car. 그녀는 세차를 했다.
5. It is dirty. 그것은 더럽다.
6. They swam in the pool. 그것들은 수영장에서 수영했다.
7. You were late. 너희들은 늦었다.
8. You look nice. 당신은 멋져 보여요.

2. 소유대명사와 지시대명사

Practice   p.19

A
1. Mine
2. Theirs
3. His
4. Yours
5. Hers
6. Ours
7. Hers
8. His
9. Ours
10. Yours
11. Mine
12. Yours
13. Hers
14. Theirs
15. Theirs
16. His

B
1. Mine is new. 내 것은 새것이다.
2. Ours are upstairs. 우리의 것은 위층에 있다.
3. Theirs are not here. 그들의 것은 여기에 있지 않다.
4. Hers is the biggest. 그녀의 것은 가장 큰 것이다.
5. This is my seat. 이것은 내 자리다.
6. That is his father. 저분은 그의 아버지다.
7. These are too small. 이것들은 너무 작다.
8. Those are not mine. 저것들은 내 것이 아니다.

3. 부정대명사

Practice   p.21

A
1. one
2. the others
3. another
4. the other
5. some
6. one
7. the other
8. one
9. another
10. the others

B
1. One, Another, The other 하나는 내 것이다. / 다른 하나는 네 것이다. / 나머지 하나는 그의 것이다.
2. Some, Others, The others 몇 개는 다이아몬드다. / 다른 몇 개는 루비다. / 나머지 것들은 진주다.
3. One, The other 제인은 야구 모자를 두 개 샀다. / 하나는 노란색이다. / 나머지 하나는 갈색이다.
4. Some, The others 사과들이 많이 있다. / 몇 개는 탁자 위에 있다. / 나머지 것들은 바구니 안에 있다.
5. Everybody[Everyone], Nobody[No one] 모든 사람이 일찍 왔다. / 아무도 늦지 않았다.
6. Something, Nothing 무슨 일이 일어났다. / 아무것도 남지 않았다.

4. 의문대명사

Practice   p.23

A
1. Who
2. Who
3. What
4. Which[Who]
5. What
6. Which

B
1. Which looks better? 어느 것이 더 좋아 보이니?
2. Who sang the song? 누가 노래를 불렀니?
3. What tastes sweet? 무엇이 달콤한 맛이 나니?
4. Which is bigger? 어느 것이 더 크니?
5. Who works here? 누가 여기서 일하니?
6. What went wrong? 무엇이 잘못 되었니?
7. Who did this? 누가 이것을 했니?
8. What smells good? 무엇이 좋은 냄새를 풍기니?

STEP 2 뼈대 문장 만들기

Practice ❶ 대명사 주어로 뼈대 문장 만들기   p.24

우리는 요리를 할 것이다.
누가 수영하니?
1. I will study.
2. He cooked.
3. We will exercise.
4. We swam.
5. Mine stopped.
6. This works.
7. Everybody[Everyone] smiled.
8. Who left?

Practice ❷ 대명사 주어로 뼈대 문장 만들기   p.25

그녀는 아프다.
이것은 좋아 보인다.
1. It smells yummy.
2. She looks tall.
3. They felt good.
4. Mine is red.
5. This is new.
6. Something tastes strange.

7. Which is yours?

8. Nobody was late.

모두가 버스를 탔다.

누가 이것을 씻었니?

1. They meet her.

2. I did my homework.

3. We washed our hands.

4. Nobody[No one] does the dishes.

5. Somebody[Someone] took my umbrella.

6. Everybody[Everyone] will meet him.

7. Who called me?

8. Who made this cake?

STEP 3 뼈대 문장 살 붙이기

1. He will study this week.

2. Nobody[No one] cooked this time.

3. That will stop this month.

4. Everybody[Everyone] was happy this week.

5. Somebody[Someone] did the laundry this morning.

6. He looks better this year.

7. Yours looks better this time.

8. I took a shower this morning.

9. We will take pictures this week.

10. Nobody[No one] met Jane this winter.

11. The others worked last weekend.

12. Everybody[Everyone] looked tired last night.

13. Who arrived last night?

14. What happened last month?

15. Nobody[No one] did[washed] the dishes last night.

16. He looked surprised last night.

17. These were my teachers last year.

18. Everybody[Everyone] cleaned the house last Tuesday.

19. Nobody[No one] will exercise next Sunday.

20. She will leave next week.

21. We will make a snowman next time.

22. Those will smell sweet next month.

23. Everything will be perfect next time.

24. It will be ready next Tuesday.

25. Those will visit your school next month.

26. We will do nothing next weekend.

27. Who will take pictures next time?

28. She cooks every morning.

29. He swims every Monday.

30. They won every time.

31. Who comes every year?

32. They take pictures every day.

33. They are late every Monday.

34. He takes a shower every morning.

35. You called me every Sunday.

36. She makes a cake every Thursday.

37. They take pictures every Friday.

PART 2 명사 주어

STEP 1 개념 잡기

1. 셀 수 있는 명사와 셀 수 없는 명사

A 셀 수 있는 명사 : flower, desk, umbrella, violin, door, foot, dog

셀 수 없는 명사 : time, snow, John, Seoul, air, water

B

1. a	2. a	3. an
4. a	5. an	6. an
7. a	8. an	

C

1. A cat	2. A boy	3. English
4. A cow	5. Kelly	6. Seoul
7. An hour		

2. 복수 명사

A

1. mice	2. tickets	3. knives
4. foxes	5. watches	6. boys
7. cups	8. feet	

B   1. My hands are dirty. 내 손들이 더럽다.
    2. The children play outside. 아이들이 바깥에서 논다.
    3. Cities are noisy and busy. 도시들이 시끄럽고 바쁘다.
    4. Fish swim in the river. 물고기들이 강에서 헤엄친다.
    5. The students study math. 학생들이 수학을 공부한다.
    6. Sheep are in the field. 양들이 들판에 있다.
    7. Two buses go there. 버스 두 대가 그곳에 간다.
    8. His arms look strong. 그의 양팔이 힘 세어 보인다.

3. 명사를 한정 짓는 말 I

Practice   p.39

A   1. A car, This car, The car, Her car
    2. A bus, His bus, The bus, That bus
    3. The milk, Your milk, This milk, That milk
    4. The cups, Their cups, These cups, Those cups

B   1. This car   2. That book
    3. My desk   4. Those cups
    5. The man's son   6. Bill's umbrella
    7. Our books   8. These bags

4. 명사를 한정 짓는 말 II

Practice   p.41

A   1. water, sugar   2. books, pen
    3. weeks, girls   4. child, dog
    5. apples, friends   6. house, rains

B   1. some, a little, much, a lot of
    2. some, a few, many, a lot of
    3. student, school, word, hat[cap]
    4. student, school, word, shoes

C   1. Most students   2. Some[A few] people
    3. Two buses   4. Each word
    5. Most water

5. 명사를 꾸며 주는 형용사

Practice   p.43

A   1. an old house   2. her long hair
    3. my big room   4. some old friends
    5. these tall students   6. our good neighbors

B   1. That black horse runs fast. 저 검은 말은 빨리 달린다.
    2. The new black car is my father's. 그 검정색 새 자동차는 나의 아버지의 것이다.

    3. Your old friends came yesterday. 너의 옛 친구들이 어제 왔다.
    4. This red apple looks delicious. 이 빨간 사과는 맛있어 보인다.
    5. The round wooden table is new. 나무로 된 그 둥근 탁자는 새 것이다.
    6. Many Korean singers are popular. 많은 한국 가수들이 인기있다.
    7. A tall young man bought this car. 키가 큰 젊은 남자가 이 차를 샀다.

STEP 2   뼈대 문장 만들기

Practice ①   명사 주어로 뼈대 문장 만들기   p.44

파란색 자동차 한 대가 달렸다.
세 명의 어린이들이 올 것이다.
1. The bird sang. / Many[A lot of] birds sang.
2. A deer ran. / Three deer ran.
3. Spring will come. / A new season will come.
4. A bus arrived. / Yellow buses arrived.

Practice ②   명사 주어로 뼈대 문장 만들기   p.45

그녀의 언니들은(여동생들은) 슬퍼 보였다.
그 스프는 맛있는 냄새가 난다.
1. Its tail is long. / Their tails are long.
2. This fish smells bad. / These fish smell bad.
3. The long pencil is mine. / These short pencils are mine.
4. Ben's red cap looks nice. / Ben's new caps look nice.

Practice ③   명사 주어로 뼈대 문장 만들기   p.46

이 흰 양이 풀을 먹는다.
모든 학생은 영어를 배웠다.
1. The child likes comics. / Most children like comics.
2. This horse eats carrots. / All horses eat carrots.
3. His friend will play the piano. / My friends will play the piano.
4. A boy read the book. / Some[A few] boys read the book.

STEP 3   뼈대 문장 살 붙이기

이동, 장소를 나타내는 살   p.47

1. Many[A lot of] friends came to the party.
2. Two girls walked to school.
3. Some[A few] students waited at the bus stop.

4. The famous singer will arrive at the airport.

5. Two horses ran in the field.

6. The big black cat lives in the box.

7. Her brothers went to the bookstore.

8. My family had dinner at the restaurant.

9. Most students have[eat] lunch at school.

10. David's friends played basketball in the gym.

때를 나타내는 살 I   p.49

11. Your friends will come at noon.

12. A wooden box will arrive on March 5.

13. The young singer will sing on Sunday.

14. The American family arrived in 1998.

15. Many[A lot of] storms come in the summer.

16. The train started at nine thirty.

17. The bus arrived at seven (o'clock).

18. The park looks busy on the weekend.

19. This small town is quiet on the weekend.

20. This summer vacation will be over on September 1.

21. The green leaves turn red in the fall.

22. The air is cold in the morning.

23. That big restaurant looked busy in the evening.

24. My brother and I played baseball at three (o'clock).

25. Some[A few] children learn Chinese on the weekend.

26. Julie's family will have a picnic in the spring.

27. Minho's father will buy a new car in December.

28. A rich woman bought this house on Wednesday.

때를 나타내는 살 II   p.51

29. Most students are nervous before an exam.

30. His feet smelled bad during the class.

31. These restaurants looked busy during the weekend.

32. This brown dog was very dirty before a bath.

33. The five children felt hungry after the race.

34. They felt sleepy after lunch.

35. The girls were happy after school.

36. His grandmother felt refreshed after a bath.

37. The flower shop will be open during the festival.

38. My sister reads books before breakfast.

39. The beautiful pianist played the piano during the party.

40. The three girls had[ate] ice cream after shopping.

41. That tall man plays basketball after work.

실전테스트 (Part 1-2)

서술형 주관식 평가 ❶   p.53

1. Mine

2. She makes a cake every Thursday.

3. Nobody washed the dishes.

4. He looked surprised last night.

5. Nobody[No one] was late this week.

6. Which is yours?

7. The round bag will be expensive.

8. Ben's, looks

9. at → on : The young singer will sing on Sunday.

10. 1) in the summer   2) after school

11. Three yellow buses arrived.

12. An old man will stay here.

13. The park looks busy on the weekend.

14. Many friends came to the party.

15. in

16. Most students have lunch at school.

PART 3 There와 비인칭주어 It

STEP 1 개념잡기

1. There + be동사

Practice   p.57

A 1. is   2. are   3. is
4. are   5. are   6. are
7. is   8. is   9. is
10. aren't   11. is   12. are
13. are   14. is   15. isn't
16. is

B 1. a bird   2. seven days
3. a tree   4. eleven players
5. no answer   6. some flowers
7. a lot of sugar   8. many students

2. 비인칭주어 It

Practice   p.59

A Time
1. five (o'clock)
2. seven twenty
3. two thirty / half past two   4. late

Day/Date

1. Friday
2. September
3. May 1 / May 1st / the first of May
4. her birthday

Distance

1. far
2. near
3. four kilometers
4. ten miles

Weather/Season

1. cold
2. windy
3. cloudy
4. rainy

B
1. three (o'clock)
2. Tuesday
3. five meters
4. hot
5. Mike's birthday
6. October 2 / October 2nd
7. sunny
8. cool
9. dark

STEP 2 뼈대 문장 만들기

Practice ❶ There+be동사+주어 뼈대 문장 만들기   p.60

새 한 마리가 있다.
약간의 치즈가 있었다.

1. There is an orange.
2. There are four pencils.
3. There was an old building.
4. There were many[a lot of] people.
5. There is much[a lot of] food.
6. There was some[a little] snow.
7. There was nothing.
8. There is some[a little] money.

Practice ❷ It+be동사 + 보어 뼈대 문장 만들기   p.61

가깝다.
더웠다.

1. It is eight (o'clock).
2. It is Friday.
3. It was three thirty[half past three].
4. It was May 1[May 1st, the first of May].
5. It is far.
6. It is cold.
7. It will be rainy.
8. It is winter.

STEP 3 뼈대 문장 살 붙이기

장소나 위치를 나타내는 살 I   p.62

1. There is somebody at the door.
2. There were many people at the party.
3. There will be some children at the bus stop.
4. There are three dogs at his house.
5. There are two flies on the ceiling.
6. There was nothing on the wall.
7. There were many[a lot of] dishes on the table.
8. There was some water on the floor.
9. There aren't many cars on the road.
10. There is something in my bag.
11. There are seven days in a week.
12. There are twelve months in a year.
13. There was a little dog in the box.
14. It is cold in this room.
15. It was dark in my room.
16. It is bright in here.

장소나 위치를 나타내는 살 II   p.64

17. There is a tall tree in front of the house.
18. There are two bicycles in front of the door.
19. There was a big truck in front of this building.
20. There is someone behind me.
21. There was a nice car in front of my house.
22. There was a shadow behind the curtain.
23. There are a few trees behind the school.
24. There are some[a few] children behind the house.
25. There is a man in front of a big window.
26. There were many people in front of the restaurant.
27. There is a tall boy in front of the door.

거리를 나타내는 살   p.66

28. It is 3 kilometers from here to the airport.
29. It is 100 meters from here to my school.
30. It is five minutes from the beach to the hotel.
31. It is far from Busan to Seoul.
32. It was 600 meters from the hotel to the beach.
33. It is ten minutes from here to my house.

때를 나타내는 살   p.67

34. It is twenty past ten now.
35. It is nine thirty now.
36. It is Friday today.
37. It is Saturday today.

38. It is September 5[September 5th] tomorrow.
39. It was my birthday yesterday.
40. It was sunny yesterday.
41. It will be cloudy today.
42. It will be windy tomorrow.
43. It is cold for spring.
44. It will be cool for summer.
45. It is hot for autumn.
46. It was warm for winter.
47. It was very warm for spring.

PART 4 동명사 주어와 가주어 It

STEP 1 개념잡기

1. 동명사 주어

Practice   p.71

A
1. meeting (만나기, 만나는 것)
2. flying (날기, 나는 것)
3. solving (문제 해결하기, 문제 해결하는 것)
4. running (달리기, 달리는 것)
5. traveling (여행하기, 여행하는 것)
6. winning (이기기, 이기는 것)
7. cooking (요리하기, 요리하는 것)
8. helping (돕기, 돕는 것)
9. reading (읽기, 읽는 것)
10. learning (배우기, 배우는 것)
11. swimming (수영하기, 수영하는 것)
12. choosing (선택하기, 선택하는 것)

B
1. Reading is my hobby. 독서(읽기)는 내 취미이다.
2. Swimming is easy. 수영하기는 쉽다.
3. Winning is not everything. 이기는 것이 전부는 아니다.
4. Choosing is hard. 선택하기는 어렵다.
5. Cooking was terrible. 요리하기는 끔찍했다.
6. Helping was important. 돕는 것은 중요했다.
7. Traveling was a great pleasure. 여행하는 것은 큰 즐거움이었다.
8. Flying was his dream. 나는 것은 그의 꿈이었다.

2. It ~ to 부정사

Practice   p.73

A
1. ski
2. skate
3. use
4. make
5. walk
6. believe
7. work
8. climb
9. understand
10. be
11. sleep
12. eat

B
1. It was good to ski. 스키 타는 것은 좋았다.
2. It is good to walk. 걷기는 좋다.
3. It was important to sleep. 자는 것은 중요했다.
4. It was interesting to climb. 등반하는 것은 재미있었다.
5. It is hard to work. 일하기는 힘들다.
6. It is his dream to win. 이기는 것은 그의 꿈이다.
7. It is dangerous to believe. 믿는 것은 위험하다.

C
1. It, to learn (영어를 배우는 것은) 영어를 배우는 것은 어렵다.
2. It, to walk (밤에 걷는 것은) 밤에 걷는 것은 위험하다.
3. It, to be (건강한 것이) 건강한 것이 중요하다.
4. It, to read (그 책을 읽는 것은) 그 책을 읽는 것은 지루하다.
5. It, to meet (당신을 다시 만나게 된 것이) 당신을 다시 만나게 되어 좋다.

D
1. ① Swimming in the sea
   ② to swim in the sea 바다에서 수영하는 것은 재미있다.
2. ① Running in the morning
   ② to run in the morning 아침에 뛰는 것은 좋다.
3. ① Winning the game
   ② to win the game 그 경기를 이기는 것은 힘들다.
4. ① Playing baseball
   ② play baseball 야구를 하는 것은 흥미진진하다.
5. ① Making a ship
   ② to make a ship 배를 만드는 것은 쉽지 않다.
6. ① Meeting him
   ② to meet him 그를 만나는 것은 불가능하다.

STEP 2 뼈대 문장 만들기

Practice ❶ 동명사 주어로 뼈대 문장 만들기   p.76

수영하기는 나의 취미이다.
스케이트 타기는 재미있었다.
1. Traveling is his job.
2. Running was fun.
3. Walking is good.
4. Skiing will be exciting.
5. Skating was his life.

6. Believing is important.
7. Being a singer is his dream.
8. Making pizza is difficult.

Practice ❷ 가주어 It~to 부정사 구문으로 뼈대 문장 만들기 p.77

수영하는 것은 재미있다.

1. Eating good food was a pleasure.
   It was a pleasure to eat good food.
2. Climbing the mountain was easy.
   It was easy to climb the mountain.
3. Understanding the rule is hard.
   It is hard to understand the rule.
4. Making a boat will be exciting.
   It will be exciting to make a boat.
5. Helping others is nice.
   It is nice to help others.
6. Hitting a ball was difficult.
   It was difficult to hit a ball.
7. Being an actress is her dream.
   It is her dream to be an actress.
8. Meeting the actor was impossible.
   It was impossible to meet the actor.
9. Swimming is good exercise.
   It is good exercise to swim.

STEP 3 뼈대 문장 살 붙이기

부사(구)로 살 붙이기   p.79

1. Walking every morning is good.
   It is good to walk every morning.
2. Finishing homework quickly is hard.
   It is hard to finish homework quickly.
3. Eating together was a pleasure.
   It was a pleasure to eat together.
4. Understanding the rule exactly was difficult.
   It was difficult to understand the rule exactly.
5. Taking a shower every day is good.
   It is good to take a shower every day.
6. Skating every weekend is her hobby.
   It is her hobby to skate every weekend.
7. Sleeping regularly is good.
   It is good to sleep regularly.
8. Winning games every time was difficult.
   It was difficult to win games every time.
9. Skiing together will be exciting.
   It will be exciting to ski together.

전치사구로 살 붙이기   p.81

10. Playing soccer with friends is fun.
    It is fun to play soccer with friends.
11. Traveling around the world is his job.
    It is his job to travel around the world.
12. Watching TV at home was fun.
    It was fun to watch TV at home.
13. Washing your hands before meals is important.
    It is important to wash your hands before meals.
14. Finishing this without your help is hard.
    It is hard to finish this without your help.
15. Running in the rain was exciting.
    It was exciting to run in the rain.
16. Skating on thin ice is dangerous.
    It is dangerous to skate on thin ice.
17. Making a ship with blocks will be exciting.
    It will be exciting to make a ship with blocks.
18. Dancing at the party is fun.
    It is fun to dance at the party.

PART 5 주어의 생략

STEP 1 개념잡기

1. 명령문

Practice   p.85

1. ① Eat	② Don't eat
2. ① Move	② Never move
3. ① Stand	② Don't stand
4. ① Hurry	② Don't hurry
5. ① Open	② Never open
6. ① Be	② Don't be
7. ① Tidy	② Don't tidy
8. ① Stay	② Never stay
9. ① Wash	② Don't wash

2. Let's 청유문과 Let 간접명령문

Practice   p.87

1. ① Let's start	② Let me start
2. ① Let's wait	② Let me wait
3. ① Let's not run	② Let me run
4. ① Let's sing	② Let her sing
5. ① Let's find	② let her find
6. ① Let's help	② Let him help

7. ① Let's not talk   ② let him talk

8. ① Let's stop   ② Let him stop

9. ① Let's meet   ② Let them meet

STEP 2   뼈대 문장 만들기

Practice ❶   명령문의 뼈대 문장 만들기   p.88

나를 도와줘!

늦지 마.

1. Walk.
2. Start.
3. Don't run.
4. Don't wait.
5. Don't worry.
6. Never move.
7. Never stop.
8. Never hide.
9. Be kind.
10. Be careful.
11. Be quiet.
12. Don't be angry.
13. Don't be sad.
14. Open the door.
15. Eat this.
16. Never be nervous.
17. Don't be surprised.
18. Never be afraid.
19. Tidy your room.
20. Don't forget me.
21. Don't meet anyone.

Practice ❷   Let's 청유문의 뼈대 문장 만들기   p.89

뭔가를 먹자.

늦지 말자!

1. Let's walk.
2. Let's run.
3. Let's hide.
4. Let's talk.
5. Let's not wait.
6. Let's not move.
7. Let's not stop.
8. Let's not go.
9. Let's be kind.
10. Let's be careful.
11. Let's be quiet.
12. Let's be honest.
13. Let's not be lazy.
14. Let's not be nervous.
15. Let's eat this.
16. Let's open the door.
17. Let's not be angry.
18. Let's forget the word.
19. Let's clean your room.
20. Let's not study the page.
21. Let's not hide the truth.

Practice ❸   Let 간접명령문의 뼈대 문장 만들기   p.90

내가 가게 해줘.

그녀가 창문을 열게 하지 마.

1. Let me sing.
2. Let me dance.
3. Let me think.
4. Let me guess.
5. Let her go.
6. Let him work.

7. Let him wait.
8. Don't let them know.
9. Don't let them talk.
10. Let me ask.
11. Let him join the club.
12. Let him help you.
13. Let her do the work.
14. Let her hold your hand.
15. Don't let him do this.
16. Don't let them bother you.

STEP 3   뼈대 문장 살 붙이기

다양한 부사로 살 붙이기   p.91

1. Stop now.
2. Walk slowly.
3. Don't come late.
4. Don't eat here.
5. Go upstairs.
6. Be happy there.
7. Close the door carefully.
8. Study this book hard.
9. Wash your hands quickly.
10. Let's play together.
11. Let's talk quietly.
12. Let's be quiet here.
13. Let's not have dinner quickly.
14. Let me help you later.
15. Let her play alone.
16. Let Amy start now.

접속사 and, or로 살 붙이기   p.93

17. Study hard, and you will pass the exam.
18. Leave now, and you will meet him.
19. Don't be angry, or you will regret it.
20. Clean your room, and you can watch TV.
21. Come early, or you will miss the bus.
22. Run quickly, and you will catch the bus.
23. Don't be lazy, or you will fail the exam.

실전테스트 (Part 3-5)

서술형 주관식 평가 ❷   p.95

1. It is, There is
2. There is a big tree in front of the house.
3. It was 600 meters from the hotel to the beach.
4. There are many people in the park.
5. Understand → Understanding : Understanding the rule is difficult.
6. It, is, to swim

7. It, was, to run
8. Walking, is, It, is, to walk
9. Meeting, was, It, was, to meet
10. Traveling around the world is his job.
11. Never be afraid.
12. Don't forget me.
13. Run, or you will miss the bus.
14. 1) Let me go.　　2) Let him wait.
15. Study hard, and
16. Let's be quiet in the library.

PART 6 단순 시제

STEP 1 개념잡기

1. 현재 시제

Practice   p.99

A　1. am　　　　2. is　　　　　3. say
　　4. says　　　5. fixes　　　6. fix
　　7. catch　　　8. catches　　9. finish
　　10. finishes　11. fly　　　　12. flies

B　1. goes　　　2. teaches　　3. is
　　4. rises　　　5. has　　　　6. watches
　　7. opens　　　8. starts　　　9. leaves
　　10. boils

2. 과거 시제

Practice   p.101

A　1. was　　　　2. copied　　　3. visited
　　4. rained　　　5. ended　　　6. arrived
　　7. walked　　　8. stayed　　　9. started
　　10. looked　　11. stopped　　12. were
　　13. tasted　　14. planned　　15. skipped
　　16. cried

B　1. visited　　2. were　　　3. walked
　　4. skipped　　5. arrived　　6. ended
　　7. rained　　　8. looked

3. 동사의 과거형

Practice   p.103

A　1. eats (ate)　　　　2. go (went)
　　3. sleeps (slept)　　4. buy (bought)
　　5. build (built)　　　6. meet (met)
　　7. leads (led)　　　8. chooses (chose)
　　9. hear (heard)　　10. begins (began)
　　11. run (ran)　　　12. win (won)
　　13. gives (gave)　　14. rises (rose)
　　15. makes (made)　　16. pays (paid)
　　1. 그녀는 그것을 먹는다.　2. 우리는 거기에 간다.
　　3. 그는 잘 잔다.　　　4. 나는 이것을 산다.
　　5. 그들은 다리를 짓는다.　6. 우리는 가끔 그를 만난다.
　　7. 데이빗은 그 팀을 이끈다.　8. 제인은 이것을 선택한다.
　　9. 나는 네 말이 들린다.　10. 그 수업이 곧 시작된다.
　　11. 우리는 빨리 달린다.　12. 그들은 항상 이긴다.
　　13. 태양은 우리에게 열을 준다.　14. 태양이 떠오른다.
　　15. 그는 탁자들을 만든다.　16. 그는 계산서를 지불한다.

B　1. became　　2. cut　　　3. lost
　　4. came　　　5. got　　　6. wrote
　　7. took

4. 미래 시제

Practice   p.105

A　1. ① will leave　　　② is going to leave
　　2. ① will call　　　② am going to call
　　3. ① will go　　　　② are going to go
　　1. 존은 어제 한국을 떠났다.
　　　① 존은 언젠가 한국을 떠날 것이다.
　　　② 존은 내일 한국을 떠날 것이다.
　　2. 나는 어젯밤에 너에게 전화했다.
　　　① 나는 나중에 너에게 전화할 것이다.
　　　② 나는 오늘 저녁에 너에게 전화할 것이다.
　　3. 우리는 지난 주말에 영화 보러 갔다.
　　　① 우리는 다음 번에 영화 보러 갈 것이다.
　　　② 우리는 이번 주말에 영화 보러 갈 것이다.

B　1. will eat　　　　2. will be
　　3. will pass　　　4. will go
　　5. are going to tell　6. am going to buy
　　7. is going to wear

단순 시제의 부정문 만드는 법

Quick Check p.106

1. didn't come / doesn't come / don't come
2. doesn't have / don't have / didn't have
3. isn't / wasn't / weren't
4. didn't like / don't like / doesn't like
5. won't leave / won't be / won't eat
6. doesn't walk / didn't walk / don't walk

Practice ❶ 단순 시제의 평서문과 부정문 만들기 p.107

1. ① The bus arrived.
   ② The bus didn't arrive.
2. ① We ran.
   ② We didn't run.
3. ① Your friends stayed.
   ② Your friends didn't stay.
4. ① I am busy.
   ② I am not busy.
5. ① He became a doctor.
   ② He didn't become a doctor.
6. ① Jane was tired.
   ② Jane wasn't tired.
7. ① The soup tastes salty.
   ② The soup doesn't taste salty.
8. ① She is a model.
   ② She isn't a model.
9. ① We know the secret.
   ② We don't know the secret.
10. ① They visited us.
    ② They didn't visit us.
11. ① I will brush my teeth.
    ② I won't brush my teeth.
12. ① Tony helped the poor.
    ② Tony didn't help the poor.
13. ① My dad skips his breakfast.
    ② My dad doesn't skip his breakfast.
14. ① My brother used my computer.
    ② My brother didn't use my computer.

단순 시제의 의문문 만드는 법

Quick Check p.109

1. Was Jane
2. Were they
3. Did you hear
4. Do cows eat
5. Will he stay
6. Is she going to arrive

1. 제인은 행복했니?
2. 그들은 교회에 있었니?

3. 너는 그 소식을 들었니?
4. 소들이 풀을 먹니?
5. 그는 호텔에 머물 거니?
6. 그녀는 곧 도착할 예정이니?

Practice ❷ 단순 시제의 평서문과 의문문 만들기 p.110

1. ① He cooks.
   ② Does he cook?
2. ① We agreed.
   ② Did we agree?
3. ① Your brother will come.
   ② Will your brother come?
4. ① Tom lies.
   ② Does Tom lie?
5. ① The movie ended.
   ② Did the movie end?
6. ① The movie is interesting.
   ② Is the movie interesting?
7. ① It is sunny.
   ② Is it sunny?
8. ① The soup was too salty.
   ② Was the soup too salty?
9. ① She looks sad.
   ② Does she look sad?
10. ① They were surprised.
    ② Were they surprised?
11. ① George washed his hands.
    ② Did George wash his hands?
12. ① They took pictures.
    ② Did they take pictures?
13. ① I finished my homework.
    ② Did you finish your homework?
14. ① Joel eats only vegetables.
    ② Does Joel eat only vegetables?

빈도부사로 살 붙이기 p.112

1. Julie always smiles.
2. My dog often barks.
3. My mom sometimes sings.
4. The baby always cries.
5. This cup will never break.
6. The boy sometimes looked sad.
7. Jane often feels tired.
8. She will never get angry.
9. My father often takes the subway.

10. He never takes a shower.
11. I will sometimes call you.
12. Does Dan often play basketball?
13. Do you always wear glasses?
14. Is her desk always messy?

| 횟수를 나타내는 표현으로 살 붙이기 | p.114 |

15. She calls me once a day.
16. I brush my teeth three times a day.
17. She draws paintings every Saturday.
18. The students will learn Chinese every Friday.
19. My brother plays the guitar every day.
20. The girl clicked the mouse twice.
21. The bus runs twice a day.
22. She prays three times a day.
23. The boy lies every time.
24. The hotel was crowded every winter.
25. The restaurant is busy every weekend.

| 과거를 나타내는 표현으로 살 붙이기 | p.115 |

26. We met Joel an hour ago.
27. It rained two days ago.
28. The train left a few minutes ago.
29. I got fat three years ago.
30. I was free last week.
31. I visited China last year.
32. We heard the news an hour ago.
33. I received the letter a few minutes ago.

PART 7 진행 시제

STEP 1 개념잡기

1. 현재분사

Practice p.119

A
1. watching (보고 있는)
2. sleeping (자고 있는)
3. doing (하고 있는)
4. hitting (치고 있는)
5. working (일하고 있는)
6. learning (배우고 있는)
7. sitting (앉아 있는)
8. meeting (만나고 있는)
9. talking (말하고 있는)
10. winning (이기고 있는)
11. reading (읽고 있는)
12. writing (쓰고 있는)
13. swimming (수영하고 있는)
14. using (사용하고 있는)

B
1. sleeping 2. reading
3. winning 4. talking
5. watching 6. hitting
7. learning 8. sitting

2. 현재진행

Practice p.121

A
1. is eating 2. am swimming
3. are singing 4. are arriving
5. is cooking 6. are building
7. is driving 8. are washing
9. is flying 10. are barking
1. 그는 먹고 있다.
2. 나는 수영하고 있다.
3. 너는 노래하고 있다.
4. 우리는 도착할 예정이다.
5. 그녀는 요리하고 있다.
6. 그들은 짓고 있다.
7. 나의 아빠는 운전 중이다.
8. 네 남동생들이 씻고 있다.
9. 새 한 마리가 날고 있다.
10. 개들이 짖고 있다.

B
1. is reading 2. is doing
3. are having 4. is raining
5. is blowing 6. is washing
7. are drawing

3. 과거진행

Practice p.123

A
1. was eating 2. was swimming
3. were singing 4. were arriving
5. was cooking 6. were building
7. was driving 8. were washing
9. was flying 10. were barking
1. 그는 먹고 있었다.
2. 나는 수영하고 있었다.
3. 너는 노래하고 있었다.
4. 우리는 도착하고 있었다.
5. 그녀는 요리하고 있었다.
6. 그들은 짓고 있었다.

7. 나의 아빠는 운전 중이었다.

8. 네 남동생들이 씻고 있었다.

9. 새 한 마리가 날고 있었다.

10. 개들이 짖고 있었다.

B
1. was watching
2. was walking
3. were playing
4. was swimming
5. was snowing
6. were listening
7. was digging

STEP 2 뼈대 문장 만들기

진행 시제의 부정문 만드는 법

Quick Check   p.124

1. isn't coming
2. aren't running
3. am not buying
4. wasn't coming
5. weren't running
6. isn't writing
7. aren't sitting
8. am not winning

Practice ❶ 진행 시제의 평서문과 부정문 만들기   p.124

1. ① I am singing.
   ② I am not singing.
2. ① It was snowing.
   ② It wasn't snowing.
3. ① The boy was waiting.
   ② The boy wasn't waiting.
4. ① They are lying.
   ② They aren't lying.
5. ① She was crying.
   ② She wasn't crying.
6. ① The baby is sleeping.
   ② The baby isn't sleeping.
7. ① Kelly and Kevin were standing.
   ② Kelly and Kevin weren't standing.
8. ① The patient is getting weak.
   ② The patient isn't getting weak.
9. ① The teacher was feeling tired.
   ② The teacher wasn't feeling tired.
10. ① The leaves are turning brown.
    ② The leaves aren't turning brown.
11. ① The apples were turning red.
    ② The apples weren't turning red.
12. ① It is getting cold.
    ② It isn't getting cold.
13. ① Lucy is ordering a pizza.
    ② Lucy isn't ordering a pizza.

14. ① The man is wearing a suit.
    ② The man isn't wearing a suit.
15. ① I am watching TV.
    ② I am not watching TV.
16. ① The girl was cutting the paper.
    ② The girl wasn't cutting the paper.
17. ① The children were playing soccer.
    ② The children weren't playing soccer.
18. ① He was having breakfast.
    ② He wasn't having breakfast.
19. ① His mother was reading newspaper.
    ② His mother wasn't reading newspaper.
20. ① Jack was having lunch.
    ② Jack wasn't having lunch.
21. ① She was clearing the tables.
    ② She wasn't clearing the tables.

진행 시제의 의문문 만드는 법

Quick Check   p.128

1. Are they coming?
2. Was he studying?
3. Is John eating lunch?
4. Is the baker using a pan?
5. Was his nose running?
6. Is the dog running?
7. Were some boys reading?
8. Were the kids watching TV?

1. 그들은 오는 중이니?
2. 그는 공부하고 있었니?
3. 존은 점심을 먹고 있니?
4. 그 제빵사는 팬을 사용하고 있니?
5. 그는 콧물을 흘리고 있었니?
6. 그 개는 달리고 있니?
7. 몇몇 소년들이 읽고 있었니?
8. 그 아이들은 TV를 보고 있었니?

Practice ❷ 진행 시제의 평서문과 의문문 만들기   p.128

1. ① His father is working.
   ② Is his father working?
2. ① It is raining.
   ② Is it raining?
3. ① My friends are swimming.
   ② Are your friends swimming?
4. ① The girl is lying.
   ② Is the girl lying?
5. ① Minji was sleeping.
   ② Was Minji sleeping?

6. ① Birds were singing.

   ② Were birds singing?

7. ① It is getting hotter.

   ② Is it getting hotter?

8. ① That well is running dry.

   ② Is that well running dry?

9. ① Your brother is getting fat.

   ② Is your brother getting fat?

10. ① I was feeling bored.

    ② Were you feeling bored?

11. ① Rachel is teaching English.

    ② Is Rachel teaching English?

12. ① My brother is taking a shower.

    ② Is your brother taking a shower?

13. ① The photographer was taking pictures.

    ② Was the photographer taking pictures?

14. ① The men are wearing sunglasses.

    ② Are the men wearing sunglasses?

15. ① I am eating breakfast.

    ② Are you eating breakfast?

16. ① They were carrying chairs.

    ② Were they carrying chairs?

17. ① The cat was eating the fish.

    ② Was the cat eating the fish?

18. ① She is playing the guitar.

    ② Is she playing the guitar?

STEP 3 뼈대 문장 살 붙이기

부사(구)로 살 붙이기 p.132

1. Water is still boiling.

2. She is studying hard.

3. Many[A lot of] people were studying quietly.

4. Are you listening now?

5. My brothers were sleeping at that time.

6. The bus isn't running at the moment.

7. Gas is running short today.

8. Is it still raining?

9. Her face was turning red at that time.

10. My cat is getting fat these days.

11. It is getting dark at the moment.

12. My mother is feeling happy now.

13. His hair is turning gray these days.

14. We were reading books quietly.

15. Amy was hitting the desk hard.

16. She isn't wearing her glasses today.

17. My dad was taking a shower at that time.

18. Jack is having breakfast alone.

19. They are carrying chairs together.

20. Are the children still playing soccer?

21. Is your sister still playing the piano?

22. Susie and Tom were studying together.

23. Is your brother still waiting?

접속사 when이 들어간 문장으로 살 붙이기 p.135

24. She was singing when I saw her.

25. The train was leaving when we arrived.

26. When you called, we were swimming.

27. When I found them, they were sleeping.

28. He was singing when I called.

29. It wasn't raining when I got up.

30. His mother wasn't cooking when he came back.

31. Were you sleeping when Amy came?

32. Eric was reading a book when the phone rang.

33. Jim was taking pictures when Sue met him.

34. We were having dinner when he arrived.

35. My sister was feeding the dog when I called her.

36. She wasn't playing the guitar when I opened the door.

37. Ann was eating an ice cream when they arrived.

38. My brother was playing computer games when Mom found him.

39. Were you watching TV when Amy visited you?

40. Many people were waiting when I arrived.

41. The clerk was clearing the tables when I sat down.

'비교급 and 비교급'으로 살 붙이기 p.137

42. Your brother is getting fatter and fatter.

43. This tree is growing taller and taller.

44. It is getting colder and colder.

45. The balloon was getting bigger and bigger.

46. The players are feeling more and more nervous.

47. The exams are becoming more and more difficult.

48. K-pop is becoming more and more popular.

PART 8 완료 시제

STEP 1 개념잡기

1. 과거분사

Practice   p.141

A
규칙 동사

1. play – played – played
2. wait – waited – waited
3. stop – stopped – stopped
4. use – used – used
5. call – called – called
6. learn – learned – learned
7. walk – walked – walked
8. live – lived – lived
9. study – studied – studied
10. taste – tasted – tasted
11. clean – cleaned – cleaned
12. rain – rained – rained
13. talk – talked – talked
14. work – worked – worked
15. visit – visited – visited
16. wash – washed – washed

B
불규칙 동사 Type 1

1. hit – hit – hit
2. cut – cut – cut
3. shut – shut – shut
4. put – put – put
5. cost – cost – cost
6. read – read – read

C
불규칙 동사 Type 2

1. buy – bought – bought
2. fight – fought – fought
3. teach – taught – taught
4. bring – brought – brought
5. think – thought – thought
6. catch – caught – caught

D
불규칙 동사 Type 3

1. make – made – made
2. leave – left – left
3. tell – told – told
4. sell – sold – sold
5. hear – heard – heard
6. lose – lost – lost
7. have – had – had
8. find – found – found
9. meet – met – met
10. build – built – built
11. say – said – said
12. pay – paid – paid

E
불규칙 동사 Type 4

1. blow – blew – blown
2. draw – drew – drawn
3. fly – flew – flown
4. eat – ate – eaten
5. know – knew – known
6. throw – threw – thrown
7. take – took – taken
8. give – gave – given
9. drive – drove – driven
10. fall – fell – fallen

F
불규칙 동사 Type 5

1. swim – swam – swum
2. run – ran – run
3. drink – drank – drunk
4. ring – rang – rung
5. sing – sang – sung
6. begin – began – begun

G
불규칙 동사 Type 6

1. break – broke – broken
2. write – wrote – written
3. ride – rode – ridden
4. steal – stole – stolen
5. freeze – froze – frozen
6. wear – wore – worn

H
불규칙 동사 Type 7

1. be – was / were – been
2. go – went – gone
3. do – did – done

4. choose – chose – chosen
5. come – came – come
6. become – became – become

2. 현재완료

Practice   p.146

A 1. rained   2. gone   3. done
   4. flown   5. lived   6. drawn
   7. known   8. taught   9. cleaned
   10. used   11. fought   12. heard

B 1. has gone   2. has come   3. have lost
   4. have won   5. has visited 6. has frozen
   7. has left   8. have sung   9. have read

C 1. have seen   2. has studied
   3. have grown   4. has walked
   5. has started   6. have fed
   7. have changed

STEP 2 뼈대 문장 만들기

현재완료의 부정문 만드는 법

Quick Check   p.148

1. haven't flown   2. hasn't played
3. haven't watched   4. hasn't written
5. haven't cleaned   6. haven't sung

현재완료의 의문문 만드는 법

Quick Check   p.148

1. Has David worked?
2. Have you read?
3. Has Jane been sick?
4. Has the car left?
5. Has the pain gone?
6. Have the girls wanted them?

Practice ❶ '완료' 의미의 현재완료 문장 만들기   p.149

1. The pizza has arrived.
2. We have eaten two donuts.
3. I have heard the terrible news.
4. I have seen the movie.
5. Bill hasn't bought the ticket.
6. I haven't decided.
7. The rain hasn't stopped.

8. Have you eaten dinner?
9. Have you watered the plants?

Practice ❷ '계속' 의미의 현재완료 문장 만들기   p.150

1. I have lived in Seoul.
2. He has worked here.
3. I have known Henry for 3 years.
4. Doctors have studied it.
5. My watch hasn't worked in days.
6. He hasn't kept his word.
7. The houses haven't been empty.
8. Has it been very cold?
9. Have humans eaten meat?

Practice ❸ '경험' 의미의 현재완료 문장 만들기   p.151

1. I have seen the movie.
2. The boy has ridden a horse.
3. Paul has broken his leg.
4. He hasn't driven.
5. We haven't met them.
6. Have you been to America?
7. Has he visited Korea?
8. I haven't flown a kite.
9. They have been to the Great Wall.

Practice ❹ '결과' 의미의 현재완료 문장 만들기   p.152

1. Sujin has lost her purse.
2. Spring has come.
3. Jim has gone.
4. Mary hasn't broken the vase.
5. Philip hasn't missed the bus.
6. My father hasn't bought a new car.
7. Have you found her book?
8. Have you spent all the money?
9. Has he lost his key?

STEP 3 뼈대 문장 살 붙이기

완료의 의미와 함께 쓰는 표현으로 살 붙이기   p.153

1. They have just arrived.
2. The movie has just started.
3. The bus has already left.
4. The concert has just started.
5. She hasn't taken a shower yet.
6. Has the class started yet?

7. The man has been to Japan.
8. My father has been in Seoul.
9. The designer has gone to Paris.
10. He has gone to his hometown.
11. I haven't been to Canada.
12. Have you been at school?

13. Have you never told a lie?
14. Have you used this program before?
15. Have you seen him before?
16. He has been to London twice.
17. The girl has lost her purse once.

18. It hasn't rained for six months.
19. It has been cold for three days.
20. The patient has been sick for a long time.
21. We haven't eaten anything since 9 (o'clock).
22. My mom has watered the plants since last week.

실전테스트 (Part 6-8)

1. Did you hear the news?
2. Your brother is swimming.
3. Susan is always late.
4. I will never cry.
5. 1) don't watch　　2) doesn't taste
6. she doesn't / draws
7. they aren't / are sleeping
8. 1) brush → brushes
　 2) brush → brushing
9. 1) They weren't cooking.
　 2) Are many birds singing?
10. 1) an hour ago　　2) last year
11. It's, hotter, hotter
12. 1) has ridden a horse twice
　 2) has been to America once
13. We have never met before.
14. 1) lived 2) rained 3) watered
15. The bus has already left.
16. We haven't eaten anything since nine.

PART 9 조동사

STEP 1 개념잡기

1. 조동사

Practice　　　　　　　　　　　　　p.161

A
1. can see
2. may walk
3. can learn
4. must do
5. must be
6. could study
7. must come
8. could write
9. may buy[can buy]
10. will come

B
1. can see
2. could see
3. should see
4. may see
5. will dance
6. may dance
7. can dance
8. must dance
9. may show
10. could walk
11. should learn
12. must keep

2. 조동사 can, could

Practice　　　　　　　　　　　　　p.164

A
1. can fly
2. can buy
3. can come
4. can do
5. can open
6. can wait
7. can write
8. can borrow
9. could pass
10. could fix[repair]
11. could invite
12. could stay
13. could change
14. could become[be]
15. could make
16. could cook

B
1. can open
2. can make
3. could win
4. could cook
5. could read
6. can lift
7. can swim
8. could play
9. could hold
10. could help

C
1. were able to find / will be able to find
2. were able to design / will be able to design
3. was able to travel / will be able to travel
1. 우리는 그 잃어버린 개를 찾을 수 있었다. / 찾을 수 있을 것이다.
2. 엔지니어들은 안전한 건물들을 설계할 수 있었다. / 설계할 수 있을 것이다.
3. 그 과학자는 달로 여행할 수 있었다. / 여행할 수 있을 것이다.

D
1. can send
2. can read
3. can win
4. could pass

5. can move   **6.** can get up

7. could meet   **8.** could buy

3. 조동사 must, should

Practice   p.168

A   **1.** have to leave   **2.** have to hurry

    3. has to answer   **4.** has to wash

    5. have to wait   **6.** has to help

    1. 나는 떠나야 한다.

    2. 우리는 서둘러야 한다.

    3. 그녀는 대답해야 한다.

    4. 데이빗은 씻어야만 한다.

    5. 내 친구들은 기다려야 한다.

    6. 김 선생님은[김 씨는] 도와야 한다.

B   **1.** have to clean   **2.** have to wash

    3. had to stand   **4.** had to help

    5. has to walk   **6.** must be

    7. had to wait   **8.** must be

C   **1.** must be sleepy

    2. must be love

    3. must be your mistake

    4. must be mad

    5. must be thirsty

    6. must be smart

    7. must be some reasons

D   **1.** should exercise   **2.** should see

    3. should save   **4.** should call

    5. should finish   **6.** should stop

    7. should go

4. 조동사 may

Practice   p.171

A   **1.** may be   **2.** may play

    3. may be   **4.** may rain

    5. may be   **6.** may have

    1. 그녀는 집에 있을지도 모른다.

    2. 나는 내일 축구를 할지도 모른다.

    3. 티나는 매우 아픈지도 모른다.

    4. 오늘 비가 올지도 모른다.

    5. 우리는 너무 늦을지도 모른다.

    6. 나는 토요일에 시간이 있을지도 모른다.

B   **1.** may be   **2.** may leave

    3. may snow   **4.** may invite

    5. may finish   **6.** may borrow

    7. may stay   **8.** may choose

S T E P 2   뼈대 문장 만들기

조동사의 부정문 만드는 법

Quick Check   p.172

A   **1.** can't help   **2.** couldn't help

    3. shouldn't help   **4.** may not help

    5. doesn't have to help

B   **1.** doesn't have to go   **2.** didn't have to go

    3. mustn't go   **4.** may not go

    5. couldn't go

조동사의 의문문 만드는 법

Quick Check   p.173

A   **1.** Can, help   **2.** Could, help

    3. May, help   **4.** have to help

    5. Can, help   **6.** Should, help

B   **1.** Can, go   **2.** Could, go

    3. have to go   **4.** Should, go

    5. May, go   **6.** Could, go

Practice ❶   can / could 문장 만들기   p.174

1. The girl can read the music.

2. Tom can come.

3. She can drive a truck.

4. I couldn't understand his question.

5. I couldn't solve the last question.

6. Can you hear me?

7. My grandfather can't swim.

8. My father could speak three languages.

9. Can I sit down?

10. Can I borrow this book?

11. Can you order a pizza?

12. Could you pass me the salt?

13. The answer can be wrong.

14. Both can be true.

15. It can't be true.

16. Can the rumor be wrong?

PART 10 수동태

STEP 1 개념잡기

1. 능동과 수동

Practice   p.189

A
1. cooked
2. called
3. repaired
4. used
5. invented
6. stopped
7. closed
8. disappointed
9. bored
10. surprised
11. satisfied
12. filled
13. shocked
14. closed
15. painted
16. cleaned
17. washed
18. visited
19. built
20. made
21. eaten
22. done
23. hung
24. cut
25. bitten
26. found
27. sold
28. taken
29. written
30. stolen
31. chosen
32. broken
33. caught
34. seen
35. paid
36. worn
37. grown
38. told
39. sent
40. read

B
1. broken
2. chosen
3. stolen
4. grown
5. sent
6. closed
7. seen
8. used
9. invented
10. built
11. made
12. visited
13. cleaned
14. sold
15. written

2. 수동태의 시제

Practice   p.194

1. 그들은 다리를 짓는다.
   ① was built
   ② is being built
   ③ can be built
2. 그들은 그 노래를 부른다.
   ① is sung
   ② is being sung
   ③ will be sung
3. 그들은 그녀를 놀라게 한다.
   ① was surprised
   ② will be surprised
   ③ may be surprised
4. 우리는 너의 집을 본다.
   ① is seen
   ② was seen
   ③ can be seen
5. 그가 그 이야기들을 쓴다.
   ① were written
   ② are being written
   ③ must be written
6. 그들은 영어를 말한다.
   ① is spoken
   ② was being spoken
   ③ will be spoken
7. 그들은 그 도둑을 잡는다.
   ① is caught
   ② was caught
   ③ should be caught
8. 그 선생님이 그의 이름을 부른다.
   ① is called
   ② was called
   ③ can be called
9. 그 소녀가 그 창문들을 닫는다.
   ① were closed
   ② were being closed
   ③ must be closed
10. 그 소식은 사람들을 놀라게 한다.
   ① were shocked
   ② are being shocked
   ③ may be shocked

STEP 2 뼈대 문장 만들기

Practice ❶ 단순 시제의 수동태 문장 만들기   p.196

1. The window is broken.
2. The building was built.
3. Many[A lot of] spiders were found.
4. His name is called.
5. This work was done.
6. I am surprised.
7. I am invited.
8. The thief was arrested.

1. The meat was being cooked.
2. The car is being washed.
3. The piano was being played.
4. Their bikes are being repaired.
5. Two boxes were being carried.
6. Her novel is being read.
7. The music is being loved.
8. The plants are being watered.

1. Four colors should be used.
2. Gloves must be worn.
3. You may be watched.
4. Seals can be found.
5. The job must be done.
6. People will be shocked.
7. The truth should be known.
8. My brother will be born.

STEP 3 뼈대 문장 살 붙이기

1. 'Romeo and Juliet' was written by Shakespeare.
2. The song is sung by many[a lot of] people.
3. The lightbulb was invented by Edison.
4. They were stopped by the police.
5. My school fee is paid by my father.
6. The thief was caught by the police.
7. You may be bitten by the dog.
8. America was discovered by Columbus.
9. These pictures were taken by Jenny.

10. We were disappointed at the result.
11. People will be surprised at the news.
12. She may be shocked at the scene.
13. His parents were disappointed at his behavior.
14. The boy will be surprised at the party.
15. I am satisfied with the design.
16. Children may be shocked at the scene.
17. This box should be filled with new shoes.
18. Sam is bored with his work.
19. The girl was satisfied with the gift.
20. She will be surprised at the result.

21. This tofu is made from soybeans.
22. These napkins are made from wood.
23. That glass is made from sand.
24. The bread can be made from flour.
25. Paper is made from wood.
26. This floor is made of stone.
27. The sweater was made of wool.
28. This ring is made of gold.

29. His name was known to the world.
30. The result must be known to the public.
31. The man was known as a scholar.
32. The British are known as gentlemen.
33. The island is known for its beautiful weather.
34. Busan is known for its seafood.
35. Socrates was known for his wisdom.

PART 11 의문사 의문문

STEP 1 개념 잡기

1. 누구인지 묻는 Who

A　1. Who was　2. Who is
   3. Who took　4. Who do

B　1. Who ate my pie? 누가 내 파이를 먹었니?
   2. Who knows her name? 누가 그녀의 이름을 알고 있니?
   3. Who does she like? 그녀는 누구를 좋아하니?
   4. Who is she going to visit? 그녀는 누구를 방문할 거니?
   5. Who is he calling? 그는 누구에게 전화하고 있니?

C　1. ① Is that girl your sister?
     ② Who is your sister?
   2. ① Does she like her new teacher?
     ② Who does she like?
   3. ① Will he come tonight?
     ② Who will come tonight?

2. 무엇인지 묻는 What

Practice p.209

A 1. What is 2. What is
3. What did 4. What are

B 1. What was that? 저것은 무엇이었니?
2. What is yours? 네 것은 무엇이니?
3. What does the rabbit eat? 그 토끼는 무엇을 먹니?
4. What color did they want? 그들은 무슨 색을 원했니?
5. What time will you come? 너는 몇 시에 올 거니?

C 1. ① Is red your favorite color?
② What is your favorite color?
2. ① Did Dan eat dinner?
② What did Dan eat?
3. ① Were you looking at the stars?
② What were you looking at?

3. 시간, 장소, 이유를 묻는 When, Where, Why

Practice p.211

A 1. When did 2. Where does
3. Why did 4. When is
5. Where are 6. Why are

B 1. When is his birthday? 그의 생일이 언제니?
2. Where are you from? 너는 어디 출신이니?[너는 어디에서 왔니?]
3. Where should we meet? 우리 어디서 만날까?
4. Why do you ask? (너는) 왜 묻니?
5. When can I see you? 언제 당신을 볼 수 있을까요?
6. Why are you angry? 너는 왜 화났니?

C 1. ① Does he go to school at eight?
② When does he go to school?
2. ① Do they live in Seoul?
② Where do they live?

4. 방법, 상태, 수량을 묻는 How

Practice p.213

A 1. How does 2. How are
3. How can 4. How much
5. How far

B 1. How can I help you? 어떻게 도와드릴까요?
2. How did you open the door? 너는 그 문을 어떻게 열었니?

3. How does the music sound? 그 음악 어때?
4. How often do you exercise? 너는 얼마나 자주 운동하니?
5. How much do you need? 얼마나 많이 필요하니?
6. How many days are in a month? 한 달에는 며칠이 있니?

C 1. ① Does he look tired?
② How does he look?
2. ① Is Mount Everest very high?
② How high is Mount Everest?

STEP 2 뼈대 문장 만들기

Practice ❶ 의문사 Who와 What 자체가 주어인 의문문 만들기 p.214

누가 그 멋진 신발을 샀니?
무엇이 바닥에 떨어졌니?

1. Who knows the answer?
2. What happened?
3. What is on the table?
4. Who saw them?
5. Who is crying now?
6. What surprised you?
7. Who will come?
8. Who can do this?
9. What is flying?
10. What was under the tree?

Practice ❷ 일반동사가 있는 의문사 의문문 만들기 p.215

그녀는 누구를 좋아하니?
그녀는 어디에서 그 멋진 신발을 샀니?

1. What did Josh buy?
2. Who does he like?
3. Who did you ask?
4. What subject do you like?
5. What sport does he like?
6. When does the movie start?
7. Why do you look so tired?
8. Why did you ask him?
9. When did you buy the bike?
10. When did you come?
11. Where do you live?
12. How did you feel yesterday?
13. How does the soup taste?
14. How did she look?
15. How did they die?

16. How do you go to school?

17. How did you open the bottle?

18. Where did she go?

19. What does he have?

20. What color do you like?

Practice ❸ be동사가 있는 의문사 의문문 만들기   p.217

그 소음은 무엇이지?

저 소녀는 누구였니?

1. What are these?

2. Who is this boy?

3. What time is it now?

4. What day is it today?

5. When is your birthday?

6. Why are these here?

7. Where are they now?

8. Why were you late?

9. How is your leg?

10. How are your parents?

Practice ❹ 의문사 How로 의문문 만들기   p.218

여기서 네 집까지는 얼마나 머니?

너는 사과 몇 개를 가지고 있니?

1. How fast can a cheetah run?

2. How deep is the pond?

3. How heavy was the box?

4. How long is the river?

5. How often does the bus come?

6. How far is it from Seoul to Busan?

7. How hot was it yesterday?

8. How big is the bag?

9. How expensive is this pen?

10. How much is the ticket?

실전테스트 (Part 9-11)

서술형 주관식 평가 ❹   p.219

1. has to wash

2. That restaurant may open today.

3. The boy can dive for five minutes.

4. He must be in the library.

5. We had to wait.

6. are written by her

7. is being used by David

8. was known

9. 1) at   2) with   3) by

10. 1) of wool   2) as a singer

11. When did he leave?

12. Where does she live?

13. Who can do this?

14. What subject do you like?

15. 1) How   2) Why   3) Where

16. How often do you wash your hands?

STEP 1
개념 잡기

▶

STEP 2
뼈대 문장 만들기

▶

STEP 3
뼈대 문장 살 붙이기

기적의 외국어 학습서

	기본서 (필수 학습)				특화서 (보완/강화 학습)			

기본서 (필수 학습)

유아 종합

만 2세 이상 만 3세 이상 만 5세 이상 만 5세 이상

파닉스

만 6세 이상 전 3권   만 7세 이상 전 3권

단어

기적의 초등 영단어 Starter

출간 예정   3학년 이상 전 2권   5학년 이상 전 3권

읽기

7세~1학년 전 3권   2, 3학년 전 3권   4, 5학년 전 2권   6학년 이상 전 2권

영작

4학년 이상 전 5권   5학년 이상 전 2권

문법

2학년 이상 전 5권   4학년 이상 전 3권

회화 듣기

기적의 영어 듣기

출간 예정

특화서 (보완/강화 학습)

유아 종합

3세 이상 전 12권   3세 이상 전 12권   3세 이상 전 12권   3세 이상

파닉스

기적의 사이트 워드

1~3학년

단어

기적의 맨처음 영단어

1~3학년

읽기

1~3학년 전 3권

영작

3학년 이상   4, 5학년   5, 6학년   5학년 이상

문법

3학년 이상 전 2권   6학년

회화 듣기

3학년 이상 전 2권

초등 필수 무작정 따라하기

초등 영어 교육과정과 밀착된 필수학습을 한 권으로 총정리해 줍니다.

1학년 이상

1학년 이상

1학년 이상

1학년 이상

3학년 이상

미국교과서 READING

문제의 차이가 영어 실력의 차이, 통합사고 논픽션 프로그램

초등 초급 전 3권

초등 초급 전 3권

초등 중급 전 3권

근간 예정
초등 중급 전 3권

근간 예정
초등 고급 전 3권

초등 중급 전 2권

초등 중급 전 2권

초등 중급 전 3권

흥미로운 컨텐츠의 학습서

액티비티가 풍부한 유아 워크북, 노래로 배우는 영어,
디즈니 대본으로 배우는 회화표현 등 재미가 가득한 유초등 영어 학습서

4세 이상

4세 이상

3세 이상

3세 이상

3세 이상

3세 이상

3세 이상

3학년 이상 전 2권

2학년 이상

3학년 이상

3학년 이상

3학년 이상

3학년 이상

3학년 이상

3학년 이상

3학년 이상

3학년 이상

3학년 이상

유아 전 5권

유아